W0365438

Zu diesem Heft

Schon das Wort Grammatik, in der deutschen Entsprechung Sprachlehre, wirkt auf viele wie ein rotes Tuch. Zugegeben, es ist ein reichlich trockener Stoff, der meist ziemlich genaues Hinsehen verlangt, manchmal vielleicht auch etwas Gespür für Sprache und Ausdrucksmöglichkeiten; oft ist es auch nicht leicht, sich in diesem komplizierten Gebilde zurechtzufinden, das sich aus vielen Einzelteilen zusammensetzt, die ihrerseits wieder aus noch kleineren Einzelteilen bestehen, die in unterschiedlichen Wechselbeziehungen zueinander in Verbindung treten können, also nicht nur einen vernetzten Apparat, sondern einen lebendigen Organismus darstellen.

Doch es lohnt sich bestimmt, sich in diesen Organismus Einblick zu verschaffen. Wir wollen dazu verhelfen. Dazu ist zu zeigen, wie die Sprache aufgebaut ist, von ihren einzelnen Bestandteilen bis hin zu den komplizierten Gebilden. Dass das nicht immer einfach ist, dürfte einleuchten. Denn wie man die Bedeutung des Mundes nicht erklären kann, ohne z. B. Magen, Kreislaufsystem und Zellstruktur zu berücksichtigen, so muss auch schon bei den einzelnen Sprachbausteinen verdeutlicht werden, welche Funktionen sie haben können; das wiederum kann nur an größeren Strukturen veranschaulicht werden. Die rein schematisch zu trennenden Bereiche Lautlehre, Formenlehre, Satzlehre greifen so ständig ineinander über. Das erfordert ein häufiges Verweisen (→) auf die entsprechenden erklärenden oder weiterführenden Abschnitte = Seiten unserer Broschüre.

Um in diesem Gewirr von Beziehungen den Durchblick zu erleichtern, haben wir uns einiges einfallen lassen:

- die Seitenorientierung: Jede Seite stellt einen in sich geschlossenen Abschnitt dar, der Stoff ist auf diese Weise gewissermaßen portioniert, in leichter verdauliche Happen gegliedert.
- die Übersichten: Über die unerlässliche systematische Darstellung hinaus wird versucht, wichtige grammatische Erscheinungen im Überblick darzustellen und so auch leichter Zusammenhänge zu verdeutlichen.
- die Veranschaulichung: Soweit wie möglich werden Beispiele geboten und die jeweiligen Besonderheiten auch grafisch hervorgehoben.
- das ausführliche Register und die Verweise: Beide zusammen sollen das Nachschlagen erleichtern und einen schnellen Überblick ermöglichen.

So hoffen wir, dass es mit Hilfe dieses Hefts gelingt, dem durch die Lehrpläne angestrebten Ziel der sprachlichen Bildung näher zu kommen: die Ausdrucksfähigkeit zu entwickeln und zu bewusstem und differenziertem Sprachgebrauch zu gelangen durch Einsicht in die Strukturen und Funktionen unserer Muttersprache.

Inhaltsübersicht

Lautlehre

Laute und Buchstaben

Je nachdem, unter welchem Gesichtspunkt man Sprache betrachtet, ergeben sich unterschiedliche Bestandteile. Hier die wichtigsten Begriffe und ihre Erläuterung: Der **Laut** ist die kleinste Einheit der gesprochenen Sprache. Aus Lauten bilden sich Wörter. Die einzelnen Laute unterscheiden wir

- a) **nach ihrem Klangwert:**
  1) **Vokale** (Selbstlaute, Helllaute): a, e, i, o, u, (y)
     dazu die **Umlaute:** ä, ö, ü, (y)
     Weitere Kriterien sind Länge und Kürze, vgl. Aas ↔ Ass
  2) **Diphthonge** (Zwielaute, Doppellaute): au, ai, ei, äu, eu
  3) **Konsonanten** (Mitlaute): b, c, d, f, g, h, j, k, l, m, n, p, q, r, s, t, v, w, x, y, z
- b) **nach ihrer Stellung im Wort:**
  1) **Anlaut:** *sie*
  2) **Inlaut:** *lesen*
  3) **Auslaut:** *lies*

  Gerade beim s-Laut wirkt sich das auch auf die Aussprache aus (was in Süddeutschland aber meist nicht beachtet wird): stimmhaft im Anlaut und Inlaut, stimmlos im Auslaut.

Der **Buchstabe** ist die kleinste Einheit der geschriebenen Sprache; Buchstabe und Laut müssen nicht identisch sein, so besteht z. B. das Wort *Ei* aus zwei Buchstaben, aber aus einem Laut; der i-Laut wird in *ich* mit einem Buchstaben wiedergegeben, in *Brief* mit zwei, in *Vieh* sogar mit drei. Der k-Laut kann in unterschiedlichen Formen begegnen,: *Computer, Käse, Charakter, Clique, lediglich, Ecke, Sakko;* die gleichen Buchstaben können aber auch unterschiedlichen Lautwert haben: *Bach, christlich, Chef, Chip.*

Die **Zuordnung von Lauten und Buchstaben** stellt ein Problem vor allem der Rechtschreibung dar, das durch unterschiedliche Lautung in Fremdwörtern und unterschiedliche Angleichung dieser Fremdwörter an den deutschen Sprech- und Schreibgebrauch noch erschwert wird. Das betrifft nicht nur die Konsonanten, sondern in noch stärkerem Maße die Vokale, man vergleiche nur den o-Laut in folgenden Wörtern: *Trost, Moor, Mohr, Soest, Niveau, Hausse, Bowle* oder den i-Laut in: *Lid, Lied, Vieh, ihr, Baby, Jeans, Teeny.*

Lautverbindungen

Das **Phonem** ist die kleinste bedeutungsunterscheidende Einheit der Sprache; es ist immer nur in Gegenüberstellung (Opposition) zu anderen Phonemen zu erkennen, also in Wortpaaren mit minimalem Unterschied, z. B. die unterschiedliche Länge des o-Lauts in *Floß und floss* oder der verschiedene Stammlaut bei *sagen, sägen, Segen, saugen*.

Das **Morphem** ist die kleinste bedeutungstragende Einheit der Sprache. Einsilbige Wörter (Stammwörter) bestehen oft aus einem sogenannten ‚freien', d. h. selbstständigen Morphem mit eigener Bedeutung: *Wort, groß, sehr;* sogenannte ‚gebundene' Morpheme kommen nicht allein vor, bilden aber den Stamm, die Wurzel eines Worts: *Stimme, bestimmt*. Zum Stammmorphem treten also meist noch Wortbildungsmorpheme (Präfixe, Suffixe) oder Flexionsmorpheme unterschiedlicher Art hinzu: *Antwort* (Präfix), *wörtlich* (Flexionsmorphem + Suffix), *Worts, Wörter* (Flexionsmorpheme). Man vergleiche *‚sprech'* in *Sprache, Gespräch, versprechen, sprich!, unausgesprochen, Spruch, Sprüche*.

Das **Lexem** ist die Grundeinheit des Wortschatzes, die konventionelle Form, unter der ein Wort im Wörterbuch erscheint, bei Stammwörtern das Morphem, bei Verben der Infinitiv (➜ 11), bei Substantiven der Nominativ (➜ 28) Singular: *sprechen, Sprache, groß, sehr*.

Die **Silbe** ist die kleinste Lautverbindung, wie sie bei der Aussprache eines Wortes sich ergibt; sie besteht immer aus einem Vokal oder Diphthong als Klangträger, zu dem Konsonanten hinzutreten können: Beispiele für einsilbige Wörter: *Ei, Eis, ein, Bein, frei, dreist,* für zweisilbige: *Ei-er, Soft-eis, ei-ner, Bei-ne, dreis-ter,* für dreisilbige: *frei-heit-lich, Rühr-ei-er.*
Die bedeutungstragende Silbe eines Wortes heißt **Stammsilbe:** *frei, laut.*
Neue Wörter bilden wir durch **Wortbildungssilben:** *Frei-er, Frei-heit, frei-lich, Be-frei-ung, Ge-frei-ter, un-frei*. Sie zerfallen in

a) **Präfixe** (Vorsilben): z. B. *be-, ge-, un-* (➜ 6), dazu gehören für die Wortbildung auch **Verbzusätze,** diese sind betont und abtrennbar: umstellen: *Ich stelle die Uhr um, habe umgestellt, plane umzustellen.* ↔ *Die Polizei umstellt das Gebäude, hat umstellt, plant zu umstellen.*
b) **Suffixe** (Nachsilben, aber man sollte die deutsche Bezeichnung meiden, denn Suffixe sind nicht identisch mit Sprechsilben, so trennen wir *Bedeu-tung*, obwohl das Suffix nur -ung, oder *bedeu-ten,* obwohl das Suffix nur -en lautet) ➜ 6.
c) Dazu kommen noch **Zusammensetzungen** aus mehreren Stämmen: *Eierspeise, Freibier* ➜ 6.

Wortlehre

Wort und Bedeutung

Ein Wort ist ein bedeutungstragendes **sprachliches Zeichen,** die kleinste lexikalische Einheit (➔ 4). Flektierbare Wörter erhalten durch Flexionsmorpheme ihre jeweilige Form, Wortbildungsmorpheme kennzeichnen die Wortart oder bringen Hinweise auf die Schattierung der Bedeutung (➔ 6). Wie bei jedem Zeichen fallen also zwei Aspekte zusammen:

- 1) Signal, also Gestalt oder **Ausdrucksseite,** z.B. *,wind'*
- 2) Bedeutung, also Gehalt oder **Inhaltsseite:** *,Luftbewegung'*

Die Grundbedeutung eines Worts, d.h. seinen begrifflichen Kern, nennen wir **Denotat** (= das, was es deutlich ausdrückt: *Wind* = *Luftbewegung*).
Wörter haben aber oft auch einen Nebensinn, der eine gefühlsmäßige oder soziale Wertung hinzufügt, diese nennen wir **Konnotat:** In der Wendung: *Mach nicht so viel Wind!* z.B. klingt die Konnotation ,Überteibung' mit.

Gleich lautende Wörter verschiedener Bedeutung nennt man **Homonyme.** Sie sind meist unterschiedlicher Herkunft (oft auch mit unterschiedlicher Schreibung): *leeren* ↔ *lehren; Lärche* ↔ *Lerche;* der *Tau* ↔ das *Tau.*

Von **Polysemie** sprechen wir, wenn ein Wort mehrere Bedeutungen hat, die miteinander zusammenhängen, z.T. selbst bei gleicher Herkunft: *Läufer* 1) Sportler; 2) Schachfigur; 3) Teppich.

Synonyme hingegen sind Wörter gleicher oder wenigstens ähnlicher Bedeutung: *Blechner – Klempner – Spengler – Installateur* oder *sagen – reden – sprechen – äußern;* der Gegenbegriff zum Synonym ist das **Antonym,** der einem Wort entgegengesetzte Begriff: *Sohn* ↔ *Tochter; heiß* ↔ *kalt; vorn* ↔ *hinten; einführen* ↔ *ausführen.*
Synonyme verbinden sich zu einem **Wortfeld,** d.h. einer Gruppe von Wörtern mit ähnlicher Bedeutung, das sich nach semantischen (bedeutungsmäßigen) Unterscheidungsmerkmalen differenzierend aufgliedern lässt: Zum Wortfeld *,sterben'* gehören beispielsweise *erfrieren, ersticken, ertrinken, verbluten, verhungern* mit jeweils eigener Bedeutung.

Wörter gleicher Herkunft mit gleichen oder verwandten Wortstämmen hingegen nennt man eine **Wortfamilie.** Sie haben zwar eine Grundbedeutung gemeinsam, können sich aber sowohl lautlich als auch bedeutungsmäßig weit auseinanderentwickelt haben. So gehören zu *,ziehen' Zaum, Zeug, Zeuge, zeugen, zögern, Zögling, Zucht, zucken, Zug, Zügel,* dazu Hunderte von Ableitungen und Zusammensetzungen (u.a. *Herzog*). (➔ auch 6).

Die Wortbildung

Der Wortschatz einer Sprache befindet sich in ständiger Entwicklung, alte Wörter verschwinden, neue werden aufgenommen. Dies geschieht vielfach über fremd- und fachsprachliche Einflüsse, doch auch aus vorhandenem Wortmaterial lassen sich neue Wörter bilden.
Grundlage ist meist ein **Wortstamm** (Wortwurzel), der schon durch Flexion (→ 7) verändert werden kann, indem er Endungen annimmt, die z. B. verschiedene Personen, Numeri, Tempora, Modi, Kasus bezeichnen.

Aber auch der Wortstamm selbst kann sich ändern, z. B. durch

- a) **Umlaut** des Stammvokals (a ↔ ä, au ↔ äu, o ↔ ö, u ↔ ü): ich *fahre,* du *fährst;* das *Haus,* die *Häuser; groß, größer;* er *musste,* er *müsste* – durch **e/i-Wechsel** bei Verben (ich *lese,* du *liest* → 14) oder durch
- b) **Ablaut,** d. h. den Wechsel der Klangfarbe oder der Länge eines Stammvokals. Er begegnet vor allem bei den starken Verben (→ 14) in den Stammformen: *nehmen – nahm – genommen; sitzen – saß – gesessen,* spielt aber auch in der Wortbildung eine bedeutende Rolle, denn er ist ein wichtiges Mittel der Ableitung: *angenehm – Ausnahme – benommen; Sitz – Insasse – Sessel.*

Die beiden Grundprinzipien der Wortbildung:

- 1. Eine **Ableitung** besteht aus einem Wortstamm, der durch Umlaut oder Ablaut verändert oder auch durch Präfixe bzw. Suffixe (→ 4) erweitert wird. Der Wechsel in eine andere Wortart ist dabei häufig: *‚hell' – erhellen – Helligkeit; ‚Nacht' – nachts – übernachten – nächtlich; ‚fahren' – fahrbar – Gefahr – gefährlich – Gefährt – Fuhre – Führer.*
  Selbstständige **Präfixe** werden nur im Infinitiv (→ 11), als Partizip (→ 11) und in der Endstellung im Nebensatz mit dem Verb zusammengeschrieben, sonst bilden sie mit der Personalform des Verbs die Satzklammer: *Wir hoffen, dass er gesund <u>an</u>kommt. – Hoffentlich kommt er gesund <u>an</u>. – Halten Sie Ihre Fahrausweise bitte <u>bereit</u>.*
- 2. Eine **Zusammensetzung** (Kompositum, Plural: Komposita ↔ Gegenbegriff: Simplex, d. h. einfaches Wort) wird aus mehreren selbstständigen Einzelwörtern gebildet: z. B. *Rathaus* oder *Hausrat.* Der hintere Bestandteil, das **Grundwort,** legt die Bedeutung des Gesamtbegriffs fest (ein *Rathaus* ist ein *Haus*), wird auch allein flektiert und bestimmt bei Substantiven das Genus (Geschlecht): *das Rathaus, des Rathauses, die Rathäuser,* aber *der Hausrat* (*Rat* im Sinn von *Gerät*), *des Hausrats.* Der vordere Bestandteil, das **Bestimmungswort,** bleibt unverändert, wird manchmal aber mit einem **Fugenelement** angeschlossen: *Leben<u>s</u>mittel, Nase<u>n</u>rücken.*

Wortarten

Bestimmung der Wortarten

Ein	guter	Schüler	kann,	wenn	er	fleißig	ist,
Artikel	Adjektiv	Substantiv	Verb	Konjunktion	Pronomen	Adjektiv	Verb

schon	in	acht	Jahren	zum	Abitur	kommen.
Adverb	Präposition	Numerale	Substantiv	Präp. + Artikel	Substantiv	Verb

In diesem Beispielsatz sind neun der zehn Wortarten vertreten, es fehlt nur die Interjektion, die aber nur selten in einem Satzzusammenhang steht, in aller Regel außerhalb. Wenn wir vor den Satz ein ‚Hm' setzten, wäre auch sie beteiligt.

Die zehn Wortarten sind:

1. Das Verb	es wird konjugiert	Seiten 10–23
2. Das Substantiv	sie werden alle dekliniert	Seiten 24 - 26
3. Das Adjektiv		Seiten 27–28
4. Der Artikel		Seite 7+9
5. Das Pronomen		Seiten 29–36
6. Das Numerale		Seite 7+37
7. Das Adverb	sie sind alle nicht flektierbar	Seite 38
8. Die Präposition		Seite 40
9. Die Konjunktion		Seite 39
10. Die Interjektion		Seite 7

Die Zahl der Wortarten wird unterschiedlich angegeben; sie schwankt zwischen sieben und zehn: In manchen Grammatiken wird der **Artikel** nur als eine Unterart des Pronomens betrachtet; manche schlagen das **Numerale,** soweit dekliniert, den Pronomen oder Adjektiven, soweit nicht flektierbar, dem Adverb zu; die **Interjektion** (Ausdrucks-, Empfindungswort, z.B. *au! ätsch! oha! peng!*) ist als Wortart am meisten umstritten, kommt sie doch so gut wie nur außerhalb eines Satzzusammenhangs vor – deshalb wird sie vielfach als verkürzter Satz aufgefasst und nicht zu den Wortarten gerechnet.

Die Flexion

Flexion (Beugung) nennt man die Veränderung, die oft an Wörtern vorgenommen wird, wenn sie in einem Satz verwendet werden.
So findet man unter den Stichwörtern im Wörterbuch beispielsweise nur *,nennen'*, aber nicht *,nennt'*, nur *,Wort'*, aber nicht *,Wörtern'*. *,Nennt'* bzw. *,Wörtern'* sind also Flexionsformen zu *,nennen'* bzw. *,Wort'*, d.h. Wörter wie *,nennen'* oder *,Wort'* sind flektierbar.

Die hierbei verwendeten Mittel (meist Endungen) nennt man **Flexionsmorpheme;** im Gegensatz zu den Wortbildungsmorphemen, mit denen andere Wörter gebildet werden, verändern Flexionsmorpheme ein Wort nur, schaffen jedoch nicht durch Ableitung oder Zusammensetzung ein neues Wort.
Wörter wie *,wenn'*, *,an'*, *,in'* und *,oft'* dagegen verändern ihre Form nie, mit der einzigen Ausnahme, dass Adverbien (→ 38) auch gesteigert werden können (oft - öfter, sehr - mehr - am meisten: Komparation → 27), es sind also **unflektierbare Wörter.**

Unter den flektierbaren Wörtern unterscheiden wir zwischen solchen, die eine Tätigkeit bzw. einen Vorgang oder Zustand ausdrücken, der einer grammatischen Person (ich, du, er/sie/es/man, wir, ihr, sie) zugeordnet werden kann, z. B. *,nennen'* (ich *nenne,* du *nennst,* er/sie/es/man *nennt,* wir *nennen,* ihr *nennt*, sie *nennen*), und solchen, die man mit den Fragen nach den verschiedenen Fällen (wer oder was, wessen, wem, wen oder was?) erschließen kann, z. B. *,Wort'* (das *Wort*/die *Wörter;* des *Worts*/der *Wörter,* dem *Wort*/den *Wörtern,* das *Wort*/die *Wörter*).

Wörter, die man einer grammatischen Person zuordnen kann, nennt man **Verben,** ihre Flexion bezeichnet man als **Konjugation.**

Wörter, die man in die verschiedenen Fälle setzen kann, nennt man **Substantive** oder **Nomen,** ihre Flexion bezeichnet man als **Deklination.**
Verben werden also **konjugiert,** Nomen werden **dekliniert.**

Flexion ist somit der Oberbegriff, der sowohl Konjugation als auch Deklination einschließt.

Der **Begriff Nomen** wird heute meist mit Substantiv gleichgesetzt. Eigentlich ist er nur der Gegenbegriff zu Verb, d.h. er umschließt alle deklinierbaren anderen Wortarten, also auch das Adjektiv, den Artikel, das Pronomen, das Numerale. So ist im Begriff **Prädikatsnomen** (→ 46), der Substantiv und Adjektiv zusammenfasst, auch noch die alte umfassende Bedeutung erhalten geblieben, ebenso wenn man von Nominalstil im Gegensatz zu Verbalstil spricht.

Kongruenz

Als **Kongruenz** bezeichnet man die Übereinstimmung von wenigstens zwei Bestandteilen eines Satzes. Ihre Zusammengehörigkeit wird im Allgemeinen durch Flexionsmorpheme gekennzeichnet, ist aber auch durch semantische (bedeutungsmäßige) Merkmale bestimmt.

Rein von den Flexionsformen her wäre z. B. der folgende Satz korrekt: *‚Peter und Klara sind Jungen'*: Zwei Subjekten der 3. Person im Singular ist ein Prädikat in der 3. Person Plural kongruent, gekennzeichnet durch den Plural *‚sind'* und das Pluralmorphem *‚-n'* im Prädikatsnomen (→ 46) *‚Jungen'*. Semantisch ist er es natürlich nicht, denn Klara kann ja wohl kein Junge sein; *‚Jungen'* müsste also durch das beide Geschlechter umfassende Wort *‚Kinder'* ersetzt werden. Wenn wir aber den Satz bilden: *‚Peter und Klara sind Kindern'* haben wir einen weiteren Kongruenzfehler begangen: *‚Kindern'* ist eindeutig Dativ, das Prädikatsnomen muss aber im Nominativ stehen, der Satz also lauten: *‚Peter und Klara sind Kinder.'* Zur **Numerus**-Kongruenz zwischen Subjekt und Prädikat kommt also zu der von **Person** und **Genus** auch noch die des **Kasus** hinzu.

Insgesamt kann man folgende Regeln aufstellen:

- 1. **Subjekt und Prädikat** müssen in Person und Numerus, bei nominalen Bestandteilen des Prädikats auch in Genus und Kasus übereinstimmen. *Mein Banknachbar ist ein gutmütiger Junge.*
- 2. **Attributives Adjektiv (Artikel, Pronomen, Numerale) und Substantiv** müssen in Genus, Numerus und Kasus übereinstimmen: *<u>Die beiden neuen</u> Freundinnen haben mich <u>ihren</u> Eltern vorgestellt.*
- 3. **Attribut im gleichen Kasus** (→ 52) und **sein Bezugswort** müssen übereinstimmen in Genus, Numerus und Kasus: *Mein<u>en</u> Banknachbar<u>n</u>, <u>einen gutmütigen Jungen</u>, werde ich dir vorstellen.*
- 4. **Pronomen und Bezugswort** müssen übereinstimmen in Genus und Numerus: *Der Brief, <u>den</u> du gelesen hast, ist an mich gerichtet; <u>seinen</u> (Genus zu Brief; Plural zu Zeilen) Zeilen kannst du entnehmen, …*

Ausnahmen sind nur möglich:

- a) bei Sammelbegriffen: *Wir sind das Volk. Die Franzosen, eine Kulturnation, …*
- b) beim Pronomen im Neutrum: *Ich war es. Sie haben drei Kinder, das sind alles Mädchen.*
- c) bei Unterschieden zwischen grammatischem und natürlichem Genus (die grammatische Kongruenz wird aber im Allgemeinen bevorzugt): *Sie ist ein hübsches Mädchen.*

Das Verb

Das **Verb** (Zeitwort, Tätigkeitswort, Tuwort) bezeichnet Tätigkeit, Vorgang oder Zustand – insofern unterscheiden manche auch nach Tätigkeitsverben (z.B. arbeiten, spielen), Vorgangsverben (z.B. erklingen, verunglücken) und Zustandsverben (z.B. stehen, wohnen) – und bestimmt den Bau und die inhaltliche Aussage eines Satzes. Die Flexion des Verbs heißt **Konjugation** (Bildung der Personalform).

Hierbei sind folgende Aspekte zu beachten:

- 1. **Die Person**: Es gibt drei Personen:
  a) die 1. Person (die sprechende, von der aus ein Geschehen betrachtet wird): *ich fahre;*
  b) die 2. Person (die angesprochene, auf die ein Geschehen bezogen wird): *du fährst;*
  c) die 3. Person (die besprochene, von der ein Geschehen handelt): *er/sie/es/man fährt.*

- 2. **Der Numerus** (Zahl): Es gibt zwei Numeri:
  a) den Singular (Einzahl) – 1. Person – *ich fahre;* 2. Person – *du fährst;* 3. Person – *er/sie/es/man fährt;*
  b) den Plural (Mehrzahl) – 1. Person – *wir fahren;* 2. Person – *ihr fahrt;* 3. Person – *sie fahren.*

- 3. **Das Tempus** (Zeit): Es gibt sechs Tempora (→ 15):
  a) Präsens (Gegenwart): ich *fahre;*
  b) Präteritum (Vergangenheit): ich *fuhr;*
  c) Futur I (Zukunft): ich *werde fahren;*
  d) Perfekt (vollendete Gegenwart): ich *bin gefahren;*
  e) Plusquamperfekt (vollendete Vergangenheit): ich *war gefahren;*
  f) Futur II (vollendete Zukunft): ich *werde gefahren sein.*

- 4. **Der Modus** (Aussageweise): Es gibt drei Modi (→ 17):
  a) Indikativ (Wirklichkeitsform): du *fährst, fuhrst, wirst fahren, bist gefahren, warst gefahren, wirst gefahren sein.*
  b) Konjunktiv (Möglichkeitsform): du *fahrest, führest, werdest fahren, seist gefahren, wärest gefahren, werdest gefahren sein*
  c) Imperativ (Befehlsform): *fahr! – fahrt!*

- 5. **Das Genus Verbi** (Handlungsform): Es gibt zwei Handlungsformen (Genera Verbi → 20):
  a) Aktiv (Tätigkeitsform): er *fährt, fuhr, wird fahren, ist gefahren, war gefahren, wird gefahren sein;*
  b) Passiv (Leideform): er *wird/wurde gefahren, wird gefahren werden, ist/war gefahren worden, wird gefahren worden sein.*

Die infiniten Verbformen

Neben den konjugierten Formen – man nennt sie auch finite Verbformen, weil sie auf eine Person begrenzt sind, oder Personalformen – bildet das Verb auch drei nicht konjugierbare Formen, die infiniten Verbformen: den Infinitiv und die beiden Partizipien:

Der **Infinitiv** (Grundform, Nennform) – er endet immer auf *,-n'* (*-en/-ln/-rn*) – ist die Form, die im Wörterbuch steht, er ist unflektiert und bezeichnet keine Person: *tun, laufen, radeln, baggern.* (Nur wenn er substantiviert wird, wird er dekliniert: *Die Regeln des Boxens muss man beherrschen.*)
Das **Partizip I** (Mittelwort der Gegenwart) endet immer auf *,-nd'* (*-end/-elnd/-ernd*), es stellt einen Vorgang oder Zustand als gerade ablaufend oder bestehend dar: *arbeitend, betreffend.*
Das **Partizip II** (Mittelwort der Vergangenheit) endet auf *,-en'* oder *,-t'* (je nach Verbklasse → 14) und enthält am Anfang oder hinter dem abtrennbaren Präfix oder Verbzusatz (→ 4) ein *,-ge-'*; es stellt ein Geschehen als abgeschlossen hin: *überarbeitet* (kein ,-ge-', da nicht abtrennbar!), *ausgetragen.*
Beide Partizipien können wie Adjektive dekliniert werden (*der entscheidende Treffer; die gegebenen Antworten*), behalten aber ihre verbale Funktion bei, d.h. können durch Objekte und Adverbiale (→ 47+48) ergänzt werden: *der das Spiel entscheidende Treffer* (Akkusativobjekt); *die nur zögernd gegebene Antwort* (modales Adverbiale). Dieser Zwischenstellung zwischen Verb und Nomen verdankt das Partizip die deutsche Bezeichnung **Mittelwort**.

Der **Infinitiv** ist unentbehrlich für die Bildung des Futurs I (Tempora → 15); er ergänzt Modalverben und modifizierende Verben (→ 12) zu Prädikaten und kann in Verbindung mit *,zu'* auch verschiedene Satzglieder bilden: *Zu fliegen ist eine Kunst* (Subjekt). *Er vergaß beinahe zu atmen* (Objekt). *Er besitzt die Fähigkeit zu hypnotisieren* (Attribut).

Das **Partizip II** ist unentbehrlich für die Bildung von Perfekt, Plusquamperfekt, Futur II (→ 15) sowie des Passivs (Genus Verbi → 20).

Darüber hinaus können Infinitiv und Partizipien auch Wortgruppen bilden, die satzwertige Funktion haben (→ 59):
a) Infinitivsatz (satzwertiges Partizip, erweiterter Infinitiv, Infinitivkonstruktion, Infinitivgruppe);
b) Partizipialsatz (satzwertiges Partizip, erweitertes Partizip, Partizipialkonstruktion, Partizipialgruppe).

Vollverben und Hilfsverben

Die Verben unterscheiden wir nach ihrer Leistung:

- 1. **Vollverben** – das sind fast alle Verben – können allein ein Prädikat (➔ 47) bilden: *Wir spielen gern. Hast du schon den neuesten Hit?* (*,haben'* hier als Vollverb), das gilt aber nur für die Formen des Präsens und Präteritums im Aktiv, alle anderen Verbformen sind mit Hilfsverben zusammengesetzt (➔ 12+13).
- 2. **Hilfsverben** benötigen, um ein Prädikat bilden zu können, entweder
  a) ein Prädikatsnomen (➔ 46) – dies gilt für die Hilfsverben *,sein'* und *,werden'* sowie für die auch als Vollverben verwendeten *,bleiben', ,heißen' ,gelten': Wir sind Schüler. Alle werden älter. Wir bleiben Freunde.* – oder
  b) einen Infinitiv oder ein Partizip II (Tempora ➔ 15 sowie Genus Verbi ➔ 20) – dies gilt für die Hilfsverben *,haben', ,sein'* und *,werden': Wir werden lernen. Wir haben gearbeitet. Wir sind informiert worden.*
- 3. **Modalverben** stellen eine besondere Gruppe von Hilfsverben dar, sie benötigen einen Infinitiv um ein Prädikat zu bilden: *können, dürfen, mögen, müssen, sollen und wollen*, dazu kommen noch die auch als Vollverben verwendeten *,lassen'* und *,heißen': Wir können schwimmen; er lässt ihn mitspielen.* ↔ Gelegentlich werden Modalverben aber auch wie Vollverben benutzt: *Sie kann Spanisch.*
  Bei zusammengesetzten Formen mit dem Hilfsverb *haben* tritt an die Stelle des Partizips II der Infinitiv: *Er hat in Urlaub fahren wollen* (nicht: *gewollt*); *Sie hat ihn nicht begleiten dürfen* (nicht: *gedurft*). (Aber als Vollverb: *Das habe ich nicht gewollt* (nicht: *wollen*).
- 4. **Modifizierende Verben** sind Vollverben, die die Funktion von Hilfsverben übernehmen können, sie benötigen den Infinitiv mit der Satzkonjunktion *,zu'*, um ein Prädikat zu bilden: *Er versucht zu schlafen. Das braucht Sie nicht zu beunruhigen.*

Die meisten Hilfsverben und Modalverben bilden **unregelmäßige Formen,** gehören also zur sogenannten gemischten Konjugation (➔ 14):

sein (bin, bist, ist, sind, seid, sind; sei! seid!; sei) – war – gewesen

haben (habe, hast, hat, haben, habt, haben; habe!) – hatte – gehabt

können (kann, kannst, kann, können, könnt, können) – konnte – gekonnt

dürfen (darf, darfst, darf, dürfen, dürft, dürfen) – durfte – gedurft

mögen (mag, magst, mag, mögen, mögt, mögen) – mochte – gemocht

müssen (muss, musst, muss, müssen, müsst, müssen) – musste – gemusst

wollen (will, willst, will, wollen, wollt, wollen) – wollte – gewollt

Gebrauch der Hilfsverben

Es kann nützlich sein, sich die verschiedenen Verwendungsweisen der Hilfsverben klarzumachen:

- 1. **haben** wird verwendet:
  a) als Vollverb: *Ich habe Hunger.*
  b) als Hilfsverb für die Bildung des Perfekts / Plusquamperfekts / Futurs II Aktiv bei den meisten Verben: *Er hat geschlafen. Sie hatten das vorher ausgemacht. Du wirst dir etwas dabei gedacht haben.*
  c) als modifizierendes Verb in Verbindung mit dem Infinitiv mit *‚zu'* zur Kennzeichnung einer Verpflichtung: *Er hat seine Arbeit zu erledigen.*

- 2. **sein** wird verwendet:
  a) als Vollverb: Bedeutung ‚leben, existieren': *Ich denke, also bin ich.*
  b) als Vollverb: Bedeutung ‚sich befinden, sich aufhalten': *Wir sind in Deutschland.*
  c) als Hilfsverb, das zusammen mit einem Prädikatsnomen (Substantiv, Adjektiv, Genitiv) ➔ 46) ein Prädikat bildet: *Er ist schlau/ein Schlaumeier. Er ist des Teufels.*
  d) als Hilfsverb für die Bildung des Perfekts / Plusquamperfekts / Futurs II im Aktiv bei den meisten Verben der Bewegung und der Zustandsänderung: *Wir sind gefahren. Er war eingeschlafen. Sie werden erschrocken sein.*
  e) als Hilfsverb für die Bildung des Perfekts / Plusquamperfekts / Futurs II im Vorgangspassiv (➔ 20) bei allen Verben: *Sie ist erschreckt worden. Ich war getäuscht worden. Du wirst gelobt worden sein.*
  f) als Hilfsverb für die Bildung des Präsens / Präteritums des Zustandspassivs (➔ 20) bei allen Verben: *Ich bin / war tief getroffen.*
  g) als modifizierendes Verb in Verbindung mit dem Infinitiv mit *‚zu'* zur Kennzeichnung einer Verpflichtung: *Das ist noch zu beweisen.*

- 3. **werden** wird verwendet:
  a) als Hilfsverb, das zusammen mit einem Prädikatsnomen (➔ 46) ein Prädikat bildet: *Er wird Lokomotivführer. Sie wird immer hübscher.*
  b) als Hilfsverb für die Bildung des Futurs I: *Heute werde ich früh zu Bett gehen.*
  c) als Hilfsverb für die Bildung des Vorgangspassivs: *Damit wurde er nicht befasst. Es wird nichts so heiß gegessen werden, wie es gekocht wird. Das ist schon immer so gemacht worden.*

Zu den Hilfsverben zählen noch Modalverben sowie modifizierende Verben (➔ 12+18).

Die Formenbildung des Verbs

Für die Formenbildung des Verbs müssen wir drei Verbklassen unterscheiden, dazu bilden wir die **drei** sogenannten **Stammformen,** d.h.

1. den **Infinitiv:** Hiernach wird das Präsens gebildet: *lesen: ich lese ...; warten: ich warte;* sowie das Futur: *ich werde lesen ..., ich werde warten...*
2. die **1. Person Singular des Präteritums Aktiv:** Hiernach wird das Präteritum gebildet: *ich las ...; ich wartete...*
3. und das **Partizip II:** Hiernach werden Perfekt, Plusquamperfekt und Futur II gebildet sowie das Passiv: *ich habe/ hatte gelesen/ gewartet; ich werde gelesen/ gewartet haben; das Buch wird gelesen ...*

Die Unterschiede hierbei fasst man in folgenden Verbklassen zusammen:

a) **Starke Verben** bilden die Stammformen mit einer Veränderung des Stammvokals, dem sogenannten Ablaut, die zweite und dritte Stammform wird ohne zusätzliches -t gebildet, die dritte mit **-en:** z.B. *sehen, sah, gesehen.*
Ist der Stammvokal umlautfähig (a, o, u, au), bildet man die 2. und 3. Person Singular des Präsens mit **Umlaut:** *ich fahre, du fährst, er/sie/es/man fährt* (außer bei *hauen, kommen, rufen, saugen, schaffen, tun*).
Lautet der Stammvokal ‚e', wird die 2. und 3. Person Singular sowie der Imperativ Singular mit ‚i' gebildet **(e/i-Wechsel):** *ich gebe, du gibst, er gibt, gib!; ich lese, du liest, er liest, lies!* (außer bei *bewegen, gehen, genesen, scheren, stehen, weben*)

b) **Schwache Verben** bilden die Stammformen ohne Veränderung des Stammvokals, die zweite Stammform, das Präteritum, wird mit einem zusätzlichen **‚-te'** gebildet, die dritte, das Partizip II, mit **‚-t'** und ohne ‚-en':
z.B. *kaufen – kaufte – gekauft.*

c) **Gemischte Verben** sind solche, die nicht zu diesen beiden Typen gehören, z.B. mit Mischformen oder auffälligen Veränderungen der Konsonanz im Präsensstamm; neben den meisten Hilfsverben (→ 12) sind es:

wissen (weiß, weißt, weiß, wir wissen; wisse!) – *wusste – gewusst;* ferner:

bringen – brachte – gebracht
brennen – brannte – gebrannt
nennen – nannte – genannt
senden – sandte – gesandt
denken – dachte – gedacht
kennen – kannte – gekannt
rennen – rannte – gerannt
wenden – wandte – gewandt

Die beiden letzten Verben verwenden auch regelmäßige Formen:

sendete – gesendet und *wendete – gewendet.*

Zu manchen starken Verben gibt es inzwischen auch schwache Präteritumsformen, z.B. *backen – buk* oder *backte.*

Die Tempora

1. Das **Präsens** bezeichnet
   a) ein gerade ablaufendes Geschehen: *Es regnet.*
   b) einen zeitlos gültigen Sachverhalt: *Die Erde dreht sich um die Sonne.*
   c) einen gewohnheitsmäßigen, noch länger andauernden Vorgang: *Sonntags schlafen wir bis gegen Mittag.* (= jeden Sonntag). *Wir besuchen das Gymnasium* (= bis zum Abitur dauert es noch etwas).
   d) einen vergangenen Vorgang, der vergegenwärtigt werden soll: *Die Römer haben sich gerade zur Schlacht aufgestellt, da greift Asterix ein.* (historisches Präsens)
   e) ein künftiges Geschehen (anstelle des umständlicheren Futurs): *Demnächst fahren wir in Urlaub.*

2. Das **Präteritum** bezeichnet ein vergangenes Geschehen, das für die Gegenwart des Erzählens keine Bedeutung mehr hat. – Deshalb sollte man die Bezeichnung Imperfekt (= nicht abgeschlossen) nicht verwenden! – Es ist das eigentliche Erzähltempus: *Wir fuhren gerade in den Feldweg ein, da sahen wir, dass Bauer Brink mit seinem Bullen daherkam.*

3. Das **Futur I** bezeichnet
   a) ein künftiges Geschehen: *Wir werden bald in Tirol ankommen.*
   b) eine Erwartung oder Vermutung: *Sie wird zu Hause auf dich warten. Er wird wohl wissen, was er tut.*

4. Das **Perfekt** bezeichnet
   a) die Vorzeitigkeit zur Gegenwart: *Wenn er pünktlich nach Hause gekommen ist, sitzt er jetzt vor dem Fernseher.*
   b) ein vergangenes Geschehen, dessen Folgen noch nachwirken: *Er hat kein Auge zugetan* (und deshalb ist er müde).
   c) nur in der Umgangssprache das Erzähltempus: *Nach dem Essen habe ich erst meinen Freund besucht, dann bin ich ins Schwimmbad gefahren.* (In der Schriftsprache muss man hier das Präteritum verwenden!)

5. Das **Plusquamperfekt** bezeichnet die Vorzeitigkeit zur Vergangenheit, d. h. ein vor der berichteten Vergangenheitshandlung abgelaufenes Geschehen: *Wir hatten gerade gefrühstückt, da kam der Briefbote.*

6. **Das Futur II** bezeichnet
   a) ein in der Zukunft bereits abgeschlossenes Geschehen: *Wenn er seine Reise beendet haben wird, wird er das überwunden haben.* (heute meist: *Wenn er seine Reise beendet hat, hat er das überwunden.*)
   b) eine Vermutung über ein vergangenes Geschehen: *Dabei wird er wohl geschlafen haben.*

Der Gebrauch der Tempora

Jeder geschilderte Vorgang steht in einer bestimmten zeitlichen Beziehung zu dem, der ihn schildert. Er kann sich unmittelbar vor seinen Augen abspielen, kann schon weiter zurückliegen oder erst noch bevorstehen. Diese drei Aspekte der verbalen Äußerung werden als **die drei Zeitstufen** bezeichnet: die Gegenwart, die Vergangenheit, die Zukunft.

Die Grundtempora Präsens, Präteritum und Futur werden auch als **absolute Tempora** verwendet, d.h. sie stellen den Vorgang als in Gegenwart, Vergangenheit oder Zukunft sich abspielend dar. Dasselbe gilt für das Perfekt, soweit es – besonders im mündlichen Gebrauch – vergangenes Geschehen als in der Gegenwart abgeschlossen betrachtet.

Plusquamperfekt und Futur II hingegen und auch das Perfekt, soweit es nur feststellend gebraucht wird, werden als **relative Tempora** gebraucht, d.h. sie kennzeichnen nicht den Bezug zu dem, der einen Vorgang schildert, sondern zu je einem der drei **absoluten Tempora,** und zwar das Perfekt zum Präsens, das Plusquamperfekt zum Präteritum, das Futur II zum Futur I. Das ist insbesondere dann der Fall, wenn sie in Nebensätzen verwendet werden. Nebensätze stehen nämlich zum jeweils übergeordneten Satz in einem bestimmten **Zeitverhältnis.** (Aufgepasst: Das Zeitverhältnis wird immer vom Nebensatz aus festgestellt, nicht umgekehrt!) Ein Nebensatz ist

a) **vorzeitig,** d.h. die Handlung des Nebensatzes findet vor der des Hauptsatzes statt, geht ihm zeitlich voraus, ist abgeschlossen, wenn die des Hauptsatzes beginnt: *Wenn ich gegessen habe, gehe ich schlafen. Als ich gegessen hatte, ging ich schlafen. Wenn ich gegessen haben werde, werde ich schlafen gehen.*

b) **gleichzeitig,** d.h. die Handlung des Nebensatzes findet gleichzeitig zu der des Hauptsatzes statt (gleiches Tempus!): *Wenn gegessen ist, gehe ich schlafen. Als gegessen war, ging ich schlafen. Wenn gegessen sein wird, werde ich schlafen gehen.*

c) **nachzeitig,** d.h. die Handlung des Nebensatzes findet nach der des Hauptsatzes statt, folgt ihm zeitlich nach, doch wird **Nachzeitigkeit** heute meist nicht mehr mit Futur gekennzeichnet, sondern mit dem Tempus des Hauptsatzes: *Ich warte so lange, bis du Zeit hast.*

Die relativen Tempora sind Tempora der **Vorzeitigkeit,** ihre Handlung ist schon abgeschlossen, wenn die des übergeordneten Satzes beginnt.

Der gleiche Vorgang kann auch mit einem anderen Verb in einem anderen Zeitverhältnis gezeigt werden, dem der **Gleichzeitigkeit,** wenn nämlich der Abschluss des Vorgangs betrachtet wird, nicht der Vorgang selbst: Gleichzeitigkeit bedeutet gleiches Tempus im Haupt- und im Nebensatz.

Die Modi

- 1. Der **Indikativ** (Wirklichkeitsform) bezeichnet Vorgänge oder Zustände, die wirklich sind oder als wirklich dargestellt werden sollen: *Die Erde dreht sich um die Sonne. Das hat er so gesagt.*

- 2. Der **Konjunktiv** (Möglichkeitsform) bezeichnet
  a) ein mögliches Geschehen (Potentialis): *Zum Nachtisch könnte es Tiramisu geben.*
  b) einen Wunsch (Optativ): *Er lebe hoch! Ach, wer da mitreisen könnte!*
  c) eine Aufforderung (Iussiv): *Man nehme ...*
  d) eine indirekte Rede (nicht wörtlich wiedergegeben, sondern nur berichtet) oder indirekte Frage: *D. fragte Damon, was er gewollt habe; Damon antwortete, er habe die Stadt befreien wollen.*
  e) die Nichtwirklichkeit (Irrealis): *Hätte ich das nur nicht getan!* (Irrealis der Vergangenheit) *Wenn ich ein Vöglein wär und auch zwei Flügel hätt, flög ich zu dir.* (Irrealis der Gegenwart)

Der **Konjunktiv I** deckt in der Regel die Fälle a) bis d) ab. Er wird von der 1. Stammform aus gebildet: *ich sei, du seist, er/sie/es/man sei, wir seien, ihr seiet, sie seien;* doch normalerweise unterscheiden sich nur die 2. und 3. Person Singular, manchmal die 2. Person Plural vom Indikativ: *du lebst/ lebest; er lebt/ lebe; ihr lebt/ lebet.* Die übrigen Formen sind nicht zu unterscheiden: *ich lebe/ lese, wir leben/ lesen, sie leben/ lesen.*

Der **Konjunktiv II** wird von der zweiten Stammform aus gebildet, bei starken Verben sowie bei ‚sein, haben, werden, wissen, bringen und denken' mit Umlaut, und hat mehrere Funktionen:

a) Er bezeichnet als Irrealis die Nichtwirklichkeit vgl. oben e): *ich wäre/ hätte / würde/ wüsste/ brächte/ dächte*
b) Er stellt die Ersatzformen für den nicht vom Indikativ zu unterscheidenden Konjunktiv I: *ich lebte/ läse, wir lebten/ läsen, sie lebten/ läsen;*
c) Er bringt die Distanzierung von einer Aussage zum Ausdruck: *Er behauptete, er wäre krank* – was ich ihm aber nicht abnahm; sonst müsste ich sagen: *Er behauptete, er sei krank* (= Konjunktiv I).

Wenn der Konjunktiv II nicht vom Indikativ zu unterscheiden ist, darf der Konjunktiv mit **‚würde'** umschrieben werden: *Wenn er die Frage richtig stellte, antwortete ich ihm auch.* ↔ *Wenn er die Frage richtig stellen würde, würde ich ihm auch antworten.*

- 3. Der **Imperativ** (Befehlsform) drückt einen Wunsch, eine Aufforderung, einen Befehl oder ein Verbot aus: *Komm! Kommt!* (in der Höflichkeitsform: *Kommen Sie!*) – *Lass das! Lasst das! (Lassen Sie das!)*

Modalität

Die unterschiedliche Einstellung eines Sprechers zu einer Aussage lässt sich auf verschiedene Weise ausdrücken, z. B.

1. mit dem **Modus** (→ 17):
   a) Indikativ: Der Sprecher stellt sich hinter eine Aussage, gibt sie als objektiv wahr wieder: *Es hat gestern geregnet.*
   b) Konjunktiv I: Der Sprecher gibt in der indirekten Rede eine Aussage wieder, ohne selbst dazu Stellung zu beziehen: *Sie behauptet, es habe gestern geregnet.*
   c) Konjunktiv II: Der Sprecher distanziert sich von einer Aussage: *Sie behauptet, es hätte gestern geregnet.*

2. mit Hilfe der **Modalverben** (→ 13),
   die eine Aussage modifizieren (abwandeln):

a) Möglichkeit:	können	*Ich kann sie einladen.*
b) Erlaubnis:	dürfen	*Ich darf sie einladen.*
c) Wunsch:	mögen	*Ich mag sie einladen.*
d) Aufforderung:	sollen	*Ich soll sie einladen.*
e) Notwendigkeit:	müssen	*Ich muss sie einladen.*
f) Eigene Entscheidung:	wollen	*Ich will sie einladen.*
g) Einwirkung:	lassen	*Ich lasse sie einladen.*

3. mit Hilfe von **modifizierenden Verben** (→ 13), d. h. Verben, die auch als Vollverben benutzt werden können, jedoch oft in Verbindung mit dem Infinitiv mit *‚zu'* eine Aussage abwandeln, z. B.:

a) Gewohnheit:	pflegen	*Ich pflege sie einzuladen.*
b) Versuch:	versuchen	*Ich versuche sie einzuladen.*
c) Fähigkeit:	vermögen	*Ich vermag sie einzuladen.*
d) Anschein	scheinen	*Sie scheint mich einladen zu wollen.*
e) Zwanglosigkeit	nicht brauchen	*Sie braucht mich nicht einzuladen*

4. mit Hilfe von **Infinitiven mit *‚zu'*** in Verbindung mit *‚haben'* oder *‚sein'* zum Ausdruck der Notwendigkeit oder Verpflichtung: *Wir haben noch zu arbeiten; das ist zu berücksichtigen.*

5. mit **Futur I und Futur II** zum Ausdruck einer Annahme oder Vermutung: *Er wird zu Hause sein. Sie wird ihm einen Korb gegeben haben.*

6. mit Hilfe von **Satzadverbialen** (Modaladverbien) zur Bezeichnung
   a) des Wahrscheinlichkeitsgrads: *vielleicht, vermutlich, ohne Zweifel, natürlich*
   b) der emotionalen Anteilnahme: *zum Glück, erfreulicherweise, hoffentlich, leider, doch wohl, Gott sei Dank*

Die indirekte Rede

Die **indirekte Rede** gibt Aussagen nicht wieder, wie sie gemacht wurden, sondern aus der Sicht eines Berichterstatters.

- 1. Sie **hängt ab von einem Ausdruck des Sagens;** ‚dass' wird vermieden.
- 2. Sie steht im **Konjunktiv I** (➔ 17). Ausnahmen nur bei Infinitiven: *Komm bitte zu mir* ↔ *er bat ihn, zu ihm zu kommen.*
  Der **Tempusgebrauch** gibt keine Zeit wieder, sondern berücksichtigt nur das Zeitverhältnis, d.h. ob das Berichtete für den Berichtenden
  a) schon vergangen war (Konj. der **Vorzeitigkeit**):
  Er erklärte, er sei gern gekommen.
  b) sich gerade abspielte (Konj. der **Gleichzeitigkeit**):
  Er erklärte, er komme soeben erst an.
  c) noch bevorstand (Konj. der **Nachzeitigkeit**):
  Er erklärte, er werde nicht kommen.
- 3. Der **Konjunktiv II** (➔ 17) steht unter folgenden Voraussetzungen:
  a) wenn der Konjunktiv I sich nicht vom Indikativ unterscheidet:
  sie fahren ↔ *sie führen*
  b) wenn er schon in der direkten Rede steht: *ich käme* ↔ *er käme*
  c) wenn der Wahrheitsgehalt einer Aussage angezweifelt wird:
  Sie sagte, er wäre (statt sei) *krank.*
- 4. Umschreibungen des Konjunktivs II mit **‚würde'** sind nur gestattet,
  a) wenn der Konjunktiv II sich nicht vom Indikativ unterscheidet:
  sie liefen ↔ *sie würden laufen*
  b) wenn die Formen altertümlich wirken: *er flöhe* ↔ *er würde fliehen (sie büke, es hülfe)*
- 5. **Aufforderungen** werden mit **‚sollen'** oder **‚mögen'** wiedergegeben:
  Komm! ↔ *er solle kommen*
- 6. **Satzfragen** werden mit **‚ob'** eingeleitet:
  Hast du Zeit? ↔ *Er fragte, ob er Zeit habe.*
- 7. **Anreden** müssen in den Einleitungssatz (zum Ausdruck des Sagens) verlegt werden.
- 8. **Empfindungswörter** müssen umschreibend in den Einleitungssatz verlegt werden: *bitte* ↔ *er bat ihn – leider nein* ↔ *er lehnte bedauernd ab.*
- 9. Ausdrücke, die sich auf die **Redesituation** beziehen (Ort, Zeit usw.) müssen dem veränderten Standpunkt des Berichtenden angepasst werden: *hier* (z.B. in Italien) ↔ *dort – morgen* ↔ *am folgenden Tag*
- 10. Sämtliche **Pronomen** müssen auf den Standpunkt des Berichtenden bezogen werden, treten also im Allgemeinen in die 3. Person: *Ich zeige dir mein Computerspiel.* ↔ *er zeige ihm sein Computerspiel.*

Genus Verbi

Ein Vorgang kann meist unter zwei Aspekten gesehen werden, von der Seite des Handelnden und von der des durch diese Handlung Betroffenen.

Das **Aktiv** (Tätigkeitsform) stellt ein Geschehen von der Verursacherseite aus dar, d. h. der Handelnde (Agens) ist Subjekt, der Betroffene Objekt der Aussage: *Der Lehrer unterrichtet den Schüler.*

Das **Passiv** (Leideform) zeigt das Geschehen von der Seite des Betroffenen aus, d. h. der Betroffene ist formal Subjekt, Erleidender (Patiens) des Vorgangs, der Täter wird in einer präpositionalen Wendung (mit *‚von‘* oder *‚durch‘* (➔ 43)) angefügt: *Der Schüler wird vom Lehrer unterrichtet.* (Inhaltlich bleibt der Lehrer der Handelnde, man spricht auch vom logischen Subjekt, der Schüler der Betroffene, man spricht vom logischen Objekt.)

Im Passiv kann der Täter aber auch ungenannt bleiben, weil er etwa unbekannt oder unwichtig ist oder aus sonstigen Gründen nicht genannt werden soll: *Der Kassierer ist gestern überfallen worden. Der kleine Fritz wird jeden Tag von der Schule abgeholt.*

Voraussetzung für eine solche Passivbildung, in der der von einer Handlung Betroffene genannt wird, ist allerdings, dass im aktiven Satz ein Akkusativobjekt vorhanden ist, das im passiven zum Subjekt werden kann. Dies ist der Fall bei den sogenannten **transitiven Verben;** transitiv wird im Deutschen meist mit ‚zielend‘ wiedergegeben, gemeint ist, dass die Handlung ein Ziel hat, den Betroffenen: *Das Gastgeber begrüßt seine Gäste.* ↔ *Die Gäste werden vom Gastgeber begrüßt.* Man nennt das ein **persönliches Passiv.** Ist das nicht der Fall, d. h. bei **intransitiven Verben,** die also kein Akkusativobjekt bei sich haben, ist im Allgemeinen ein Passiv nicht möglich (z. B. bei unpersönlichen Verben: *es regnet*), es sei denn das **unpersönliche Passiv,** das aber meist gestelzt klingt: *Jetzt wird aber gearbeitet. Es wurde ständig gegessen.* (Subjekt unpersönlich = *‚es‘*.)

Man unterscheidet zwei Formen des Passivs:

a) Das **Vorgangspassiv,** das mit einer Form von *‚werden‘* und dem Partizip II gebildet wird; es betont den Ablauf des Geschehens: *Zweimal im Monat wurde der Hausmüll abgeholt.*

b) Das **Zustandspassiv,** das mit einer Form von *‚sein‘* und dem Partizip II gebildet wird; betont das Ergebnis des Geschehens: *Der Müll war schon abgeholt.* (*‚worden‘* bleibt in der Regel weg). Bei Verben, die das Perfekt mit *‚sein‘* bilden, ist Vorsicht geboten: *Der Mai ist gekommen.* (Perfekt Aktiv) ↔ *Der Winter ist vertrieben.* (Präsens Zustandspassiv).

Starke Konjugation Aktiv

	Präsens		Präteritum		Futur I	
	Indikativ	Konjunktiv	Indikativ	Konjunktiv	Indikativ	Konjunktiv
ich	gebe	gebe/gäbe	gab	gäbe	werde geben	werde/würde geben
du	gibst	gebest	gabst	gäbest	wirst geben	werdest geben
man	gibt	gebe	gab	gäbe	wird geben	werde geben
wir	geben	geben/gäben	gaben	gäben	werden geben	werden/würden geben
ihr	gebt	gebet/gäbet	gabt	gäbet	werdet geben	werdet/würdet geben
sie	geben	geben/gäben	gaben	gäben	werden geben	werden/würden geben

	Perfekt		Plusquamperfekt		Futur II	
	Indikativ	Konjunktiv	Indikativ	Konjunktiv	Indikativ	Konjunktiv
ich	habe gegeben	habe/hätte g.	hatte g.	hätte g.	werde g. haben	werde/würde g. haben
du	hast gegeben	habest g.	hattest g.	hättest g.	wirst g. haben	werdest g. haben
man	hat gegeben	habe g.	hatte g.	hätte g.	wird g. haben	werde g. haben
wir	haben gegeben	haben/hätten g.	hatten g.	hätten g.	werden g. haben	werden/würden gegeben. haben
ihr	habt gegeben	habet/hättet g.	hattet g.	hättet g.	werdet g. haben	werdet/würdet gegeben haben
sie	haben gegeben	haben/hätten g.	hatten g.	hätten g.	werden g. haben	werden/würden gegeben habe

Imperative: gib! gebt!
Infinitiv: geben

Starke Konjugation Passiv

	Präsens		Präteritum		Futur I	
	Indikativ	Konjunktiv	Indikativ	Konjunktiv	Indikativ	Konjunktiv
ich	werde gegeben	werde/würde g.	wurde g.	würde g.	werde g. werden	werde/würde g. w.
du	wirst gegeben	werdest g.	wurdest g.	würdest g.	wirst g. werden	werdest g. w.
man	wird gegeben	werde g.	wurde g.	würde g.	wird g. werden	werde g. w.
wir	werden gegeben	werden/würden g.	wurden g.	würden g.	werden g. werden	werden/würden g. w
ihr	werdet gegeben	werdet/würdet g.	wurdet g.	würdet g.	werdet g. werden	werdet/würdet g. w.
sie	werden gegeben	werden/würden g.	wurden g.	würden g.	werden g. werden	werden/würden g. w.

	Perfekt		Plusquamperfekt		Futur II	
	Indikativ	Konjunktiv	Indikativ	Konjunktiv	Indikativ	Konjunktiv
ich	bin g. worden	sei g. w.	war g. w.	wäre g. w.	werde g. w. sein	werde/würde g. w. sein
du	bist g. w.	seist g. w.	warst g. w.	wärst g. w.	wirst g. w. sein	werdest g. w. sei
man	ist g. w.	sei g. w.	war g. w.	wäre g. w.	wird g. w. sein	werde g. w. sein
wir	sind g. w.	seien g. w.	waren g. w.	wären g. w.	werden g. w. sein	werden/würden g. w. sein
ihr	seid g. w.	seiet g. w.	wart g. w.	wärt g. w.	werdet g. w. sein	werdet/würdet g. w. sein
sie	sind g. w.	seien g. w.	waren g. w.	wären g. w.	werden g. w. sein	werden/würden g. w. sein

Schwache Konjugation Aktiv

	Präsens		Präteritum		Futur I	
	Indikativ	Konjunktiv	Indikativ	Konjunktiv	Indikativ	Konjunktiv
ich	frage	frage/fragte	fragte	fragte/würde fragen	werde fragen	werde/würde fragen
du	fragst	fragest	fragtest	fragtest/würdest fragen	wirst fragen	werdest fragen
man	fragt	frage	fragte	fragtet/würdet fragen	wird fragen	werde fragen
wir	fragen	fragen/fragten	fragten	fragten/würden fragen	werden fragen	werden/würden fragen
ihr	fragt	fraget/fragtet	fragtet	fragtet/würden fragen	werdet fragen	werdet/würdet fragen
sie	fragen	fragen/fragten	fragten	fragten/würden fragen	werden fragen	werden/würden fragen

	Perfekt		Plusquamperfekt		Futur II	
	Indikativ	Konjunktiv	Indikativ	Konjunktiv	Indikativ	Konjunktiv
ich	habe gefragt	habe/hätte gefragt	hatte g.	hätte g.	werde g. haben	werde/würde g. haben
du	hast gefragt	habest gefragt	hattest g.	hättest g.	wirst g. haben	werdest g. haben
man	hat gefragt	habe gefragt	hatte g.	hätte g.	wird g. haben	werde/würde g. haben
wir	haben gefragt	haben/hätten g.	hatten g.	hätten g.	werden g. haben	werden/würden g. haben
ihr	habt gefragt	habet/hättet g.	hattet g.	hättet g.	werdet g. haben	werdet/würdet g. haben
sie	haben gefragt	haben/hätten g.	hatten g.	hätten g.	werden g. haben	werden/würden g. haben

Imperative: frage! fragt!
Infinitiv: fragen

Schwache Konjugation Passiv

	Präsens		Präteritum		Futur I	
	Indikativ	Konjunktiv	Indikativ	Konjunktiv	Indikativ	Konjunktiv
ich	werde gefragt	werde/würde g.	wurde g.	würde g.	werde g, werden	werde/würde g. werden
du	wirst gefragt	werdest g.	wurdest g.	würdest g.	wirst g. werden	werdest g. werden
man	wird gefragt	werde g.	wurde g.	würde g.	wird g. werden	werde g. werden
wir	werden g.	werden/würden g.	wurden g.	würden g.	werden g. werden	werden/würden g. werden
ihr	werdet g.	werdet/würdet g.	wurdet g.	würdet g.	werdet g. werden	werdet/würdet g. w.
sie	werden g.	werden/würden g.	wurden g.	würden g.	werden g. werden	werden/würden g. werden

	Perfekt		Plusquamperfekt		Futur II	
	Indikativ	Konjunktiv	Indikativ	Konjunktiv	Indikativ	Konjunktiv
ich	bin g. worden	sei g. worden	war g. w.	wäre g. w.	werde g. w. sein	werde/würde g. w. sein
du	bist g. worden	seist g. worden	warst g. w.	wärst g. w.	wirst g. w. sein	werdest g. w. sein
man	ist g. worden	sei g. worden	war g. w.	wäre g. w.	wird g. w. sein	werde g. w. sein
wir	sind g. worden	seien g. worden	waren g. w.	wären g. w.	werden g. w. sein	werden/würden g. w. sein
ihr	seid g. worden	seiet g. worden	wart g. w.	wärt g. w.	werdet g. w. sein	werdet/würdet g. w. sein
sie	sind g. worden	seien g. worden	waren g. w.	wären g. w.	werden g. w. sein	werden/würden g. w. sein

haben, sein und werden

	Präsens		Präteritum		Futur I	
	Indikativ	Konjunktiv	Indikativ	Konjunktiv	Indikativ	Konjunktiv
ich	habe	habe/hätte	hatte	hätte	werde haben	werde/würde haben
du	hast	habest	hattest	hättest	wirst haben	werdest haben
man	hat	habe	hatte	hätte	wird haben	werde haben
wir	haben	haben/hätten	hatten	hätten	werden haben	werden/würden haben
ihr	habt	habet/hättet	hattet	hättet	werdet haben	werdet/würdet haben
sie	haben	haben/hätten	hatten	hätten	werden haben	werden/würden haben

Im Perfektstamm kommt jeweils ‚gehabt' hinzu:

Perfekt: ich habe gehabt ...
Plusquamperfekt: ich hatte gehabt ...
Futur II: ich werde gehabt haben ...

	Präsens		Präteritum		Futur I	
	Indikativ	Konjunktiv	Indikativ	Konjunktiv	Indikativ	Konjunktiv
ich	bin	sei	war	wäre	werde sein	werde/würde sein
du	bist	seist	warst	wärst	wirst sein	werdest sein
man	ist	sei	war	wäre	wird sein	werde sein
wir	sind	seien	waren	wären	werden sein	werden/würden sein
ihr	seid	seiet	wart	wärt	werdet sein	werdet/würdet sein
sie	sind	seien	waren	wären	werden sein	werden/würden sein

Im Perfektstamm kommt jeweils ‚gewesen' hinzu:

Perfekt: ich bin gewesen ...
Plusquamperfekt: ich war gewesen ...
Futur II: ich werde gewesen sein ...

	Präsens		Perfekt		Futur I	
	Indikativ	Konjunktiv	Indikativ	Konjunktiv	Indikativ	Konjunktiv
ich	werde	werde/würde	wurde	würde	werde werden	werde/würde werden
du	wirst	werdest	wurdest	würdest	wirst werden	werdest werden
man	wird	werde	wurde	würde	wird werden	werde werden
wir	werden	werden/würden	wurden	würden	werden werden	werden/würden werden
ihr	werdet	werdet/würdet	wurdet	würdet	werdet werden	werdet/würdet werden
sie	werden	werden/würden	wurden	würden	werden werden	werden/würden werden

Im Perfektstamm haben wir den Präsensstamm von ‚sein' + ‚geworden':

Perfekt: ich bin geworden ...
Plusquamperfekt: ich war geworden ...
Futur II: ich werde geworden sein ...

Das Substantiv

Das Substantiv (Hauptwort) wird gelegentlich auch als Nomen (Namenwort) bezeichnet (eigentlich der Oberbegriff für alle deklinierbaren Wortarten → 7). Die Bezeichnung umfasst sowohl Gegenständliches (Körperhaftes = Konkretum) als auch Nicht-Gegenständliches (Begriffliches = Abstraktum). Im Satz kann das Substantiv in allen Satzgliedern auftreten.
Wir unterscheiden:

- 1. **Genus** (Geschlecht, Plural: Genera): maskulin (männlich), feminin (weiblich), neutrum (sächlich)
  Das grammatische Geschlecht, das über den Artikel (→ 29) leicht feststellbar ist, stimmt oft nicht mit dem natürlichen überein: *das Mädchen, das Kind, die Drohne*. – Unterschiedliches Genus bezeichnet meist unterschiedliche Bedeutung: *der Gehalt* (Anteil) – *das Gehalt* (Vergütung); *der See* (Binnengewässer) – *die See* (Meer).

- 2. **Numerus** (Zahl, Plural: Numeri): Singular (Einzahl) und Plural (Mehrzahl)
  Einige Wörter können nur im Singular stehen (Sammelbegriffe u.a.), einige nur im Plural. – Die Pluralbildung erfolgt meist durch Anhängen eines Pluralmorphems (→ 4: -e, -en, -er, -s) und/oder durch Umlaut (→ 3+6): *das Buch – die Bücher; der Hund – die Hunde, die Katze, die Katzen, das Auto – die Autos*. Fremdwörter bilden teilweise eigene Pluralformen: *Atlas – Atlanten*.

- 3. **Kasus** (Fall, Plural: Kasus (→ 26): *Der Freund des Vaters schenkt dem Jungen ein Buch.*
  a) Nominativ = 1. Fall = Wer-Fall – Frage: Wer oder was schenkt dem Jungen ein Buch? – *der Freund*
  b) Genitiv = 2. Fall = Wes-Fall – Frage: Wessen Freund schenkt dem Jungen ein Buch? – *des Vaters* (Freund)
  c) Dativ = 3. Fall = Wem-Fall – Frage: Wem schenkt der Freund des Vaters ein Buch? – *dem Jungen*
  d) Akkusativ = 4. Fall = Wen-Fall – Frage: Wen oder was schenkt der Freund des Vaters dem Jungen? – *ein Buch*.
  Das richtige Fragen nach den Substantiven verdeutlicht jeweils den Kasus und damit die grammatische Rolle, die das Substantiv spielt.

Genus, Numerus und Kasus müssen bei nominalen Wortgruppen zusammenpassen, etwa zwischen Artikel, Substantiv und Adjektiv; man nennt das **Kongruenz** (Übereinstimmung) → 9: *ein weiser Mann, eines weisen Mannes, einem weisen Mann, einen weisen Mann; die weisen Männer, der weisen Männer, den weisen Männern, die weisen Männer*; weise Männer usw.

Die Deklination

Die Flexion des Nomens nennt man **Deklination.** Man unterscheidet dabei zwischen drei Klassen:

- 1. **starke Deklination:** Genitiv Singular mit ‚-s', Plural oft mit Umlaut und/oder anderen Deklinationsmorphemen, aber ohne zusätzliches ‚-n' (außer natürlich im Dativ Plural: den Tagen!):

der Tag	*des Tages*	*die Tage*
das Mädchen	*des Mädchens*	*die Mädchen*

  (das ‚n' im Plural gehört hier zum Wortstamm!)

  Aber: Feminina haben im Singular keine Endung, also auch kein ‚-s'!

die Mutter	*der Mutter*	*die Mütter*

- 2. **schwache Deklination:** alle Formen außer dem Nominativ Singular (bei Feminina nur die Pluralformen) mit ‚-n', bei der schwachen Deklination keine Umlautbildung; Neutra sind nie schwach dekliniert:

der Mensch	*des Menschen*	*die Menschen*
die Frau	*der Frau*	*die Frauen*

- 3. **gemischte Deklination:** der Singular wird stark, der Plural schwach dekliniert; Feminina werden nie gemischt dekliniert:

der Staat	*des Staates*	*die Staaten*
das Hemd	*des Hemdes*	*die Hemden*
das Herz	*des Herzens*	*die Herzen*

- **Adjektive** werden vor einem Substantiv, also in attributivem Gebrauch (→ 28+52), **stark** dekliniert
  a) nach dem unbestimmten Artikel: *ein hübsches Kleid*
  b) wenn sie keinen Artikel haben (im Genitiv Singular steht aber kein -s, sondern -n): *hübsche Kleider*
  c) nach den endungslosen Formen ‚manch, viel, welch, wenig': *manch hübsches Kleid*

- **Adjektive** werden vor einem Substantiv, also in attributivem Gebrauch (→ 28+52), **schwach** dekliniert
  a) nach dem bestimmten Artikel: *das hübsche Kleid, des hübschen Kleides*
  b) nach dieser, derselbe, jeder, jener: *diese hübschen Kleider*

- **Adjektive** werden vor einem Substantiv, also in attributivem Gebrauch (→ 28+52), **gemischt** dekliniert
  a) nach ‚kein': *kein hübsches Kleid, keine hübschen Kleider*
  b) nach dem Possessivpronomen (mein, dein, sein, unser, euer, ihr → 32): *mein hübsches Kleid, meine hübschen Kleider*

Die Kasus

Der Kasus zeigt die grammatische Rolle eines Substantivs im Satz an:

- 1. Der **Nominativ** (Werfall, 1. Fall, Frage: Wer oder Was?), ohne Flexionsendung, wie ein Wort als Lexem (➔ 4) im Wörterbuch erscheint, ist
  a) der Kasus des Subjekts: *Karl geht noch zur Schule.*
  b) der Kasus des Prädikatsnomens (➔ 46): *Karl wird Polizist.*
  c) der Kasus des Subjektsprädikativs, dazu gehören auch Vergleiche, die sich auf das Subjekt beziehen: *Als Libero ist er unersetzlich. Er spielt wie ein Profi.*
  d) der Kasus der Anrede, da das Deutsche einen eigenen Anredekasus (Vokativ) nicht besitzt: *Kommst du bald wieder, Klara?*

- 2. Der **Genitiv** (Wesfall, 2. Fall, Frage: Wessen?) bezeichnet im weitesten Sinn Zugehörigkeit, Besitz oder Eigenschaft. Er begegnet als
  a) Kasus des Objekts in wenigen Ausnahmefällen (bei Verben des Erinnerns, Anklagens oder Ermangeln): *Wir gedenken der Toten.*
  b) Kasus des Attributs: *Das Betreten des Rasens ist verboten.*
  c) Adverbialkasus nur noch temporal: *des Morgens, eines schönen Tages* und qualitativ: *frohen Mutes, guten Gewissens*
  d) Präpositionalkasus (➔ 40): *Wegen des schlechten Wetters muss die Veranstaltung leider ausfallen.*

- 3. Der **Dativ** (Wemfall, 3. Fall, Frage: Wem?) zeigt an, in wessen Interesse etwas geschieht:
  a) als Fall des entfernteren (indirekten) Objekts. *Gib mir das Buch.*
  b) als Kasus des darauf bezogenen Objektsprädikativs:
  Mir als deinem Freund kannst du es ruhig anvertrauen.
  c) als ethischer Dativ zur Bezeichnung der Anteilnahme:
  Dass du mir ja nicht zu spät kommst!
  d) als Präpositionalkasus, besonders zur Anzeige der Lage: *im Haus*

- 4. Der **Akkusativ** (Wenfall, 4. Fall, Frage: Wen oder was?) ist ursprünglich ein Ziel und Richtungskasus, er steht als
  a) Kasus des direkten Objekts bei transitiven Verben (➔ 20):
  Wir erleben ein Jahrhundertereignis.
  b) Kasus des Objektsprädikativs, insbesondere bei Verben mit dem doppelten Akkusativ: *Er nannte mich seinen Freund. Er betrachtete mich als seinen Freund.*
  c) Adverbialkasus: *Die halbe Nacht hat er gearbeitet.* (temporal zur Bezeichnung der Dauer) *Den ganzen Weg hat er nur geredet.* (lokal zur Bezeichnung der Strecke)
  d) Präpositionalkasus: *Er arbeitet bis tief in die Nacht.*

Das Adjektiv

Das Adjektiv (Eigenschaftswort) dient der Charakterisierung und Bewertung des Substantivs, zu dem es gehört. Als Attribut (→ 52) wird es wie ein Substantiv dekliniert (zu den Deklinationstypen (→ 25+28).

Zur Deklination des Adjektivs gehört außerdem die **Komparation** (Steigerung). Die meisten Adjektive bilden außer dem **Positiv** (Grundstufe, so sind sie als Lexem (→ 4) im Wörterbuch vermerkt) einen **Komparativ** (Vergleichsstufe) und einen **Superlativ** (Höchststufe). Komparativ und Superlativ werden oft mit Umlaut gebildet, bei einigen Adjektiven ist die Steigerung unregelmäßig:

	Positiv	Komparativ	Superlativ
regelmäßig	schnell	schneller	der schnellste, am schnellsten
	alt	älter	der älteste, am ältesten
unregelmäßig	gut	besser	der beste, am besten
	viel	mehr	das meiste, am meisten
	wenig	minder	das mindeste, am mindesten – (neben weniger – das wenigste)
	hoch	höher	der höchste, am höchsten
	nahe	näher	der nächste, am nächsten

Die Verwendung des Umlauts im Komparativ und Superlativ ist nicht regelmäßig: *lang, länger, am längsten,* aber: *schlank, schlanker, am schlanksten.*

Ein Vergleich wird an den Positiv mit **‚wie'** angeschlossen: *Peter ist so alt wie ich;* an den Komparativ dagegen mit **‚als'**: *Peter ist älter als ich.*

Bei zusammengesetzten Adjektiven wird im Allgemeinen der zweite Teil gesteigert: *altmodisch – altmodischer – der altmodischste.* Ist der zweite Teil dagegen ein Partizip, wird der erste gesteigert: *nahe gelegen, näher gelegen, nächstgelegen* (man achte auf die Zusammenschreibung des Superlativs!).

Nicht steigerbar sind Adjektive, deren Sinn keine Abstufungen erlaubt: *tot, rund, golden, wörtlich, deutsch, treulos, leer;* dies gilt auch für viele Zusammensetzungen, die schon eine superlativische Bedeutung haben: *steinreich, riesengroß, uralt,* und auch für durch Adverbialzusätze (→ 28) aufgewertete Adjektive: *sehr gut, unheimlich spannend, unverschämt teuer, ziemlich frech.*

Manchmal bezeichnet der Komparativ eine geringere Stufe als der Positiv: *‚Mir geht es gut'* ist mehr als *‚Mir geht es besser'*; *‚ein höherer Betrag'* kann weniger sein als *‚ein hoher Betrag'.*

Der Gebrauch des Adjektivs

Adjektive kommen in fünf verschiedenen Stellungen im Satz vor:

- 1. als **Attribut** (➜ 52) bei einem Substantiv: *ein schöner Vogel* – Frage: Was für ein Vogel?
  Nur in diesem Fall ist das Adjektiv dekliniert, hat es eine Endung; es muss sich in Genus, Numerus und Kasus nach dem zugehörigen Substantiv richten. Die Deklinationsart hängt vom Vorhandensein von Artikeln, Pronomen und Zahladjektiven ab:
  a) **schwach** nach bestimmtem Artikel: *der schöne Vogel, die schönen Vögel*
  b) **stark** ohne Artikel: *manch schöner Vogel; schöne Vögel*
  c) **gemischt** nach unbestimmtem Artikel sowie nach *‚kein'* und Possessivpronomen: *ein (mein, kein) schöner Vogel, keine schönen Vögel*

- 2. als **Prädikatsadjektiv** (Prädikatsnomen, ➜ 46) bei den Hilfsverben ‚sein' und ‚werden' sowie beim Verb ‚bleiben'.
  Es bezieht sich auf das Subjekt und ist nicht dekliniert (darf aber gesteigert sein!): *Der Vogel ist schön.* – Frage: Wer oder was ist der Vogel? *Dieser Vogel ist schöner als jener. Sie ist hübsch geblieben.*

- 3. als **Prädikatsadjektiv** (Prädikativum, Objektsprädikativ ➜ 46) bei Verben, die ein Objektsprädikativ bei sich haben können.
  Es bezieht sich auf das Objekt, nicht auf das Prädikat, und ist nicht dekliniert (darf aber gesteigert sein): *Ich halte den Vogel für schön.* – Frage: Wofür halte ich den Vogel? *Der Tierarzt macht den Vogel gesund.* (Wozu macht der Tierarzt den Vogel? – Nicht: Wie macht der Tierarzt den Vogel, es ist also kein Adverb!)

- 4. als **modales Adverbiale** (Umstandsangabe ➜ 51): Das Adjektiv bestimmt hier den Vorgang oder Zustand eines Verbs näher; es ist wieder nicht dekliniert (darf aber gesteigert sein): *Der Vogel singt schön.* – Frage: Wie singt der Vogel?
  Die Unterscheidung vom Subjektsprädikativ ist im Deutschen nicht erforderlich, so ist *‚krank'* in *Er liegt krank im Bett.* eigentlich kein Adverb, da es nicht das Liegen charakterisiert, sondern das Subjekt.

- 5. als **Adverbialzusatz:** In dieser Verwendung steht das Adjektiv bei einem anderen Adjektiv oder Adverb und bezeichnet dieses näher.
  Ob es sich dabei um adverbialen (formal) oder attributiven (inhaltlich) Gebrauch handelt, ist umstritten: *Ein schön anzusehender Vogel* – Frage: Wie ist er anzusehen? (Beim Partizip ist das ziemlich eindeutig, da dessen verbale Funktion die Verwendung des Adverbs erlaubt.) – *Der Vogel singt wirklich schön*: Wie schön singt er?

Das Pronomen

Das **Pronomen** (Fürwort) steht als Stellvertreter für ein Nomen oder als Begleiter bei einem Nomen, das es näher bestimmt. Es verweist

a) entweder auf etwas zuvor Genanntes: *Es war einmal ein König, der...*
b) oder auf einen sonstigen Zusammenhang im Text oder sprachlichen wie außersprachlichen Kontext: *Wer andern eine Grube gräbt, fällt selbst hinein. Da muss einer aber ganz schön getankt haben!*
c) oder fragt nach etwas Unbekanntem: *Wem haben wir das zu verdanken?*

Von ganz wenigen Ausnahmen abgesehen werden Pronomen wie Substantive oder Adjektive **dekliniert,** bilden aber nicht immer alle Formen: So fallen bei ‚wer' nicht nur maskulin und feminin zusammen, sondern auch Singular und Plural. *Wessen Kleider sind das?* lässt sowohl das Geschlecht des Gefragten offen als auch die Anzahl (gehören die Kleider einem Einzigen oder mehreren Leuten?).

Wir unterscheiden im Einzelnen:

a) **Personalpronomen** (persönliches Fürwort → 30): *ich, du, er/sie/es, wir, ihr, sie* mit allen Deklinationsformen
b) **Reflexivpronomen** (rückbezügliches Fürwort → 31): *sich*
c) **Possessivpronomen** (besitzanzeigendes Fürwort → 32): *mein, dein, sein, unser, euer, ihr* mit allen Deklinationsformen im Singular und Plural
d) **Demonstrativpronomen** (hinweisendes Fürwort → 33): *dieser, diese, dieses;* (betontes) *der, die, das; jener, jene, jenes; derjenige, diejenige, dasjenige; derselbe, dieselbe, dasselbe; solcher, solche, solches* mit allen Deklinationsformen in Singular und Plural, außer bei *selbst/selber*

   Hierzu rechnen viele auch den bestimmten **Artikel** (→ 7): (unbetontes) *der, die, das,* der nicht frei im Satz auftreten kann.
e) **Relativpronomen** (bezügliches Fürwort → 34): *der, die, das; welcher, welche, welches* mit allen Deklinationsformen im Singular und Plural; *wer, was* nur im Singular
f) **Interrogativpronomen** (Fragefürwort → 35): *wer/was?* (nur im Singular) *welcher, welche, welches?* mit allen Deklinationsformen im Singular und Plural
g) **Indefinitpronomen** (unbestimmtes Fürwort (→ 36): *irgendwer, jemand, man, etwas, nichts* u. Ä. – die Abgrenzung zu den Numeralia (→ 37) ist fließend – mit eingeschränkter Deklination: *man, etwas* und *nichts* sind indeklinabel, *manch* kann mit folgendem unbestimmtem Artikel oder folgendem Adjektiv auch undekliniert verwendet werden: *manch ein Zeitgenosse, meine Mutter hat manch gülden Gewand*

Das Pronomen

Das Personalpronomen

Das **Personalpronomen** vertritt bestimmte Personen oder Gegenstände oder Begriffe, steht also für ein Substantiv. Für die sprechende (1.) oder angesprochene (2.) Person lautet es:

	1. Person Singular	1. Person Plural	2. Person Singular	2. Person Plural
Nominativ	ich	wir	du	ihr
Genitiv	meiner	unser	deiner	euer
Dativ	mir	uns	dir	euch
Akkusativ	mich	uns	dich	euch

In der besprochenen (3.) Person lautet es:

	Singular maskulin	Singular feminin	Singular neutrum	Plural
Nominativ	er	sie	es	sie
Genitiv	seiner	ihrer	seiner	ihrer
Dativ	ihm	ihr	ihm	ihnen
Akkusativ	ihn	sie	es	sie

Als **Höflichkeitsanrede** in der 2. Person wird im Singular und Plural das Pronomen der 3. Person Plural verwendet und immer großgeschrieben: *Sie, Ihrer, Ihnen, Sie.*
Ältere Anredeformen werden auch großgeschrieben: *Herr Vater, seid Ihr wohlauf? Johann, putz Er mir meine Stiefel.*
Die Anrede mit *du,* Plural *ihr,* darf in Briefen auch kleingeschrieben werden.

Das Pronomen *‚es'* (im Nominativ bzw. Akkusativ) hat darüber hinaus noch einige **Spezialaufgaben:**

a) Es ist Subjekt bei unpersönlichen Verben: *Es regnet.*

b) Es steht als vorläufiges Subjekt am Satzanfang:
Es war einmal ein König, der ...

c) Es steht als vorläufiges Subjekt, wenn der Subjektsatz nachfolgt: *Es wundert mich, dass du das nicht gemerkt hast. Es ist eine besondere Freude, das miterleben zu dürfen.* (Satzwertiger Infinitiv als Subjekt)

d) Es steht als vorläufigen Hinweis auf einen folgenden Objektsatz: *Hast du es denn nicht gemerkt, dass sie dich liebt?*

e) Es bezieht sich auf einen ganzen vorausgehenden Satz oder auf den Redezusammenhang: *Fritz kann sehr ausfällig reagieren; du hast es selbst erlebt. – Er wird es schon schaffen!*

Das Reflexivpronomen

Das **Reflexivpronomen** (rückbezügliches Fürwort) zeigt an, dass das Objekt einer Handlung mit dem Subjekt identisch ist, es bezieht sich auf das Subjekt des Satzes zurück: *Er scheut sich davor, sich zu blamieren.*
Ein Sonderfall liegt beim erweiterten Infinitiv mit *‚zu'* vor (➔ 59): Hier bezieht sich das Reflexivpronomen im Regelfall nicht auf das formale Subjekt, sondern auf das Objekt, das in der Infinitivkonstruktion logisches Subjekt ist: *Sie bat ihn sich zu schonen* (= dass er sich schont). ↔ *Sie bat ihn sie zu schonen* (= dass er sie schont).

In der 1. und 2. Person stimmt das Reflexivpronomen mit dem Personalpronomen überein, braucht also formal nicht unterschieden zu werden; deshalb spricht man meist nur in der 3. Person von Reflexivität.
Hier lautet das Reflexivpronomen:

	Singular			Plural
	maskulin	**feminin**	**neutrum**	**alle Genera**
Genitiv	seiner	iherer	seiner	iherer
Dativ	sich	sich	sich	sich
Akkusativ	sich	sich	sich	sich

Einen Nominativ gibt es selbstverständlich nicht, da sich das Reflexivpronomen ja auf das Subjekt (das im Nominativ steht) zurückbezieht; da auch der Genitiv, der ohnehin kaum erforderlich ist, in der Regel durch ein Präpositionalobjekt (➔ 41+47) ersetzt wird (*Sie spottet ihrer selbst = sie spottet über sich selbst*), kann man (verkürzt) sagen, das Reflexivpronomen bestehe nur aus der Form *‚sich'*.

Echte reflexive Verben können nur mit einem Reflexivpronomen auftreten, es ist in diesem Fall nicht Objekt, sondern Teil des Prädikats: *sich bedanken, sich freuen, sich schämen* u. a.

Unechte reflexive Verben können auch nicht reflexiv gebraucht werden; bei ihnen hat das Reflexivpronomen den Stellenwert eines Objekts: *Er kauft sich ein Buch.*
Manchmal tritt Reflexivität an die Stelle des Passivs: *Das hört sich gut an.*
Steht das Subjekt im Plural, steht das Reflexivpronomen häufig im Sinn von *‚einander, gegenseitig'*: *Sie begrüßten sich.* (= die Einzelnen einander, nicht die Gruppe sich selbst)
Auch beim Possessivpronomen (➔ 32) gibt es Reflexivität; sie braucht ebenfalls nur in der 3. Person unterschieden zu werden.

Das Possessivpronomen

Das **Possessivpronomen** (besitzanzeigendes Fürwort) ordnet Personen und Dinge einander zu, drückt also Besitzverhältnisse oder Zusammengehörigkeit aus. Es steht in der Regel als Begleiter eines Substantivs (*Das ist mein Buch*), kann aber gelegentlich auch als Stellvertreter eines nominalen Satzglieds auftreten (*Das Buch ist meins*).

In beiden Fällen steht es in **Kongruenz** (➔ 9) mit dem zugehörigen Substantiv (oder Pronomen), für das es steht (Personalkongruenz); als Begleiter richtet es sich zusätzlich nach dem Bezugswort, zu dem es gehört (Genus-/Numerus-/Kasus-Kongruenz): *Ich plane meine Ferien.* (1. Person wegen des Bezugs auf das Subjekt ich; feminin, Plural, Akkusativ wegen des Bezugs auf Ferien)

Schwierigkeiten können in der 3. Person bei möglicher **Reflexivität** auftreten, d.h. wenn das Possessivpronomen sich auf das Subjekt beziehen kann: *Peter ist krank, Fritz versorgt seinen Hund. Petra ist krank, Carola hat ihren Platz eingenommen.* (Wessen Hund? den eigenen oder den von Peter? Wessen Platz? den eigenen oder den von Petra?) Zur Verdeutlichung sollte man hier im Bedarfsfall den Genitiv des Demonstrativpronomens (*dessen/deren*) verwenden: *Fritz versorgt dessen Hund. Carola hat deren Platz eingenommen.* Andererseits kann auch durch den Zusatz *‚eigenen'* gelegentlich ein Missverständnis vermieden werden.

Die Formen des Possessivpronomens folgen der starken Deklination (➔ 25). Hier das Beispiel für das Possessivpronomen der 1. Person Singular: mein:

	Singular			Plural
	maskulin	**feminin**	**neutrum**	**alle Genera**
Nominativ	mein Hund	meine Katze	mein Pony	meine Tiere
Genitiv	meines Hundes	meiner Katze	meines Ponys	meiner Tiere
Dativ	meinem Hund	meiner Katze	meinem Pony	meinen Tieren
Akkusativ	meinen Hund	meine Katze	mein Pony	meine Tiere

Die Deklination der anderen Possessivpronomina ist entsprechend: 2. Person Singular: *dein;* 3. Person Singular: *sein/ihr/sein;* 1. Person Plural: *unser;* 2. Person Plural: *euer;* 3. Person Plural: *ihr.*

Die mit der 3. Person Plural identische **Höflichkeitsform** des Possessivpronomens wird immer großgeschrieben: *Wir haben Ihr Schreiben erhalten.*

Das Demonstrativpronomen

Das **Demonstrativpronomen** (hinweisendes Fürwort) weist ausdrücklich entweder auf etwas schon Bekanntes hin (in diesem Fall hat es zurückweisende Funktion) oder auf etwas noch genauer zu Bestimmendes (in diesem Fall hat es vorausweisende Funktion). Es tritt als Stellvertreter (*Das glaubst du doch selbst nicht!*) oder als Begleiter eines Nomens auf (*Diesen Hit habe ich bei meiner Freundin schon gehört.*) und begegnet in folgenden Formen: *dieser, diese, dieses;* (betontes) *der, die, das; jener, jene, jenes* und (undeklinierbares) *selbst/selber;* in erweiterten Formen begegnen auch *derjenige, diejenige, dasjenige; derselbe, dieselbe, dasselbe; derartig* und *dergleichen, ferner solch/solcher* und *so ein* im Sinn von ‚so beschaffen' oder ‚so groß'.

Zwischen vorausweisendem und zurückweisendem Demonstrativpronomen muss formal nur im Genitiv Plural von *‚der'* unterschieden werden: **‚derer'** ist vorausweisend, **‚deren'** zurückweisend: *Der Prozentsatz derer, die straffällig werden, steigt ständig an. Beim Straßenbahnunglück gab es mehrere Verletzte; deren Angehörige müssen noch benachrichtigt werden.*

Das Demonstrativpronomen *‚der, die, das'* ist schon aufgrund der Betonung nicht mit dem Relativpronomen oder dem Artikel zu verwechseln, die Ersatzprobe mit *dieser, diese, dieses* kann aber helfen, Unklarheiten zu beseitigen.

Korrelation: Das Demonstrativpronomen ist oft eng mit einem folgenden Relativpronomen verbunden, man spricht dann von Korrelation: *derjenige, welcher* usw.
Um Doppeldeutigkeiten beim nicht reflexiven Possessivpronomen zu vermeiden, sollte man *‚seinen/ihren'* durch das Demonstrativpronomen *‚deren/dessen'* ersetzen (→ 32): *Kurt ist längere Zeit verreist, Peter hat jetzt sein* (besser: *dessen) Zimmer übernommen. Viele Leute fahren für viele Wochen in den Urlaub. Andere versorgen in der Zwischenzeit ihre* (besser: *deren) Tiere.*

Wenn zu *‚derselbe'* eine Präposition tritt, verschmilzt sie mit dem ersten Bestandteil: *im selben Augenblick, am selben Tag, zur selben Stunde.*

Der Unterschied von *‚dieser'* und *‚jener'* ist durch die **Kategorie Nähe und Ferne** bedingt; mit *‚dieser'* wird immer auf das Nächstliegende (zuletzt Genannte) verwiesen, mit *‚jener'* auf das Entferntere. *Caesar und Pompeius kämpften im Bürgerkrieg erbittert gegeneinander, obwohl dieser* (= Pompeius) *der Schwiegersohn jenes* (= Caesars) *war.*

Das Relativpronomen

Das **Relativpronomen** (bezügliches Fürwort) leitet einen **Relativsatz,** also einen Nebensatz, ein. Es bezieht sich in der Regel auf ein **Bezugswort im übergeordneten Satz,** nach dem es sich in Genus und Numerus richtet, der Kasus hingegen wird von seiner Satzgliedfunktion im Relativsatz selbst bestimmt: *Den Freund / die Freundin / die Freunde, mit dem / der / denen ich ins Kino gehen wollte, hat die Grippe gepackt.* Diese Relativsätze sind Attributsätze (➜ 58).

Als Relativpronomen wird in der Regel *‚der, die, das'* verwendet, seltener *‚welcher, welche, welches'*. Das ist meist nur dann der Fall, wenn eine zweite gleich lautende Form vorausgeht oder folgt: *Du kannst die, die dir geholfen haben, doch nicht im Stich lassen.* ↔ *die, welche.* (Vermeidung des ‚Stotterns' ist hier auch möglich über den Ersatz des Demonstrativpronomens durch *‚diejenigen':* ↔ *diejenigen, die).*

Welcher / welche / welches eignet sich gut dazu, festzustellen, ob es sich bei *‚der, die, das'* überhaupt um ein Relativpronomen handelt (Ersatzprobe!).
Der Genitiv Singular feminin und der Genitiv Plural des Relativpronomens dürfen nicht mit dem des Demonstrativpronomens verwechselt werden, er lautet immer *‚deren'* (nicht *‚derer'*): *Das sind Dinge, deren wir uns nicht zu schämen brauchen.*

An die Stelle einer Präposition mit Relativpronomen tritt beim Neutrum gelegentlich ein **Relativadverb:** *Das ist ein Geschenk, mit dem (= womit) du ihm eine Freude machen kannst.*

Oft geht einem Relativpronomen ein Demonstrativpronomen voraus oder ein Indefinitpronomen (➜ 36); ist es ein Neutrum, steht statt *‚das / welches'* in der Regel **‚was'**: *Mir gefällt alles, <u>was</u> sie tut.*

Freie Relativsätze haben kein Bezugswort (wenn man meist auch ein Demonstrativpronomen ergänzen kann), sie werden mit einer Form von *‚wer, was'* oder einem Relativadverb eingeleitet und sind keine Attributsätze, sondern (➜ 55)

a) **Subjektsätze:** *<u>Wer</u> zuletzt lacht, lacht am besten.*

b) **Objektsätze:** *Er tat, <u>was</u> er tun musste.*

c) **Adverbialsätze:** *<u>Wo</u> man singt, da lass dich ruhig nieder.*

d) **Prädikativsätze:** *Er ist geworden, <u>was</u> er sich erträumt hat.*

Bezieht sich ein Relativsatz auf den ganzen vorausgehenden Satz, sprechen wir von **relativischem Anschluss:** *Er machte kein Geheimnis aus seinem Versagen, was alle verwunderte.* (Nicht das Geheimnis oder das Versagen verwundert, sondern die Tatsache, dass er kein Geheimnis daraus macht.)

Das Interrogativpronomen

Das **Interrogativpronomen** (Fragefürwort) fragt nach einem Lebewesen, einer Sache, einem Begriff oder nach der Individualität oder Qualität einer Person oder Sache; es leitet Bestimmungsfragen (Ergänzungs-, Wortfragen) ein, und zwar sowohl direkte, also Hauptsätze, als auch indirekte, also Nebensätze.

Zu unterscheiden ist der substantivische und adjektivische Gebrauch:

Das **substantivische Fragepronomen** heißt *‚wer, was'*, wobei *‚wer'* nach einer Person fragt, unabhängig davon, ob sie maskulin oder feminin ist, *‚was'* nach einer Sache oder einem Vorgang: *Wer ist da? Wem ist das eingefallen? Auf wessen Mist ist das gewachsen? Was fällt dir ein? Ich verstehe nicht, was du damit sagen willst.*

Das **adjektivische Fragepronomen** heißt *‚welcher, welche, welches'*; es steht wie ein Adjektiv vor einem Substantiv (ein weiteres Adjektiv kann dazwischentreten): *Welche (exotische) Frucht isst du am liebsten?* Nur im eindeutigen Kontext kann es auch isoliert auftreten: *Du hast mehrere Desserts zur Auswahl. Welches bevorzugst du?*

Die Deklination des folgenden Adjektivs ist schwach: *Welcher exotischen Frucht gibst du den Vorzug?* Nach endungslosem *‚welch'* dagegen wird ein Adjektiv stark dekliniert: *Welch prächtiger Einfall!*

Im Genitiv Singular hat man beim Maskulinum und Neutrum die Wahl zwischen *‚welches'* und *‚welchen'*, wenn das folgende Substantiv auf -s endet: *Wir ahnen, welches* oder *welchen Verbrechens er fähig ist.*

Adjektivisch wird auch *‚Was für (ein)'* verwendet, wenn nach der Beschaffenheit einer Person oder Sache gefragt wird: *Ich weiß nicht, was für ein Kerl das ist. Mit was für Leuten verkehrst du?*

	Substantivisch	adjektivisch			
	Singular mask.+fem.; neutrum	Singular maskulin	Singular feminin	Singular neutrum	Plural alle Genera
Nominativ	wer? was?	welcher?	welche?	welches?	welche?
Genitiv	wessen?	welches?	welcher?	welches?	welcher?
bei Substantiv auf "s-"		welchen?		welchen?	
Dativ	wem?	welchem?	welcher?	welchem?	welchen?
Akkusativ	wen? was?	welchen?	welche?	welches?	welche?

Das Indefinitpronomen

Das **Indefinitpronomen** (unbestimmte Fürwort) bezeichnet etwas (Lebewesen, Sache, Begriff), das nicht näher bestimmt ist oder nicht näher bestimmt werden soll. Die Unbestimmtheit kann sich dabei auf das Genus beziehen (z. B. *jemand*) oder auf den Numerus (z. B. *jeder*): *Jemand hat gestern meinen Geldbeutel gestohlen. Das kann jeder gewesen sein.*

	maskulin	feminin	neutrum	
Nominativ	jeder	jede	jedes	jemand
Genitiv	jedes	jeder	jedes	jemandes
beim Subst. auf -s	jeden		jeden	
Dativ	jedem	jeder	jedem	jemand(em)
Akkusativ	jeden	jede	jedes	jemand(en)

Vor einem Substantiv, das auf -s endet, sind im Maskulinum und Neutrum des Genitivs von *‚jeder'* zwei Formen möglich: *jedes Mädchens* und *jeden Mädchens* – aber nur: *jedes Jungen.*

Undekliniertes *‚all'* verstärkt oft Demonstrativpronomen:
Er hat all sein Geld verloren.

Bei *‚alles'* steht dagegen im Maskulinum und Neutrum des Genitivs die schwache Deklinationsform vor folgenden Substantiven mit -s, die starke vor folgenden Substantiven ohne -s: *Das war der Anfang allen Übels. Man riet ihm zur Entfernung alles Überflüssigen.* Gelegentlich wird *‚alles'* sogar als Bezeichnung für Personen gebraucht: *Alles hört auf sein Kommando. Alles mal herhören!*

Die Pronomen *‚jemand'* und *‚niemand'* weisen – vor allem in Verbindung mit *‚anders'* – verschiedene Formen auf: Im Dativ und Akkusativ ist sowohl die deklinierte als auch die undeklinierte Form möglich, vor *‚anders'* wird die undeklinierte bevorzugt: *Ich traue niemandem* oder *niemand. Ich traue niemand anders.*

Indefinitpronomen werden teils nur als **Stellvertreter** verwendet
(*man, einer, jedermann, irgendwer*),
teils als **Stellvertreter und als Begleiter eines Nomens**
(*etwas, nichts, jeder, jeglicher, kein, alle, sämtliche, einige*).

Manchmal rechnet man zu den Indefinitpronomen auch **unbestimmte Zahladjektive** (➔ 37) wie *einzeln, einzig, übrig, ganz, halb, mehr, wenig, viel, zahlreich, zahllos, ungezählt, verschieden, gewiss, ein bisschen, ein paar, einige, etliche, manche;* die Grenzen sind hier fließend.

Das Numerale

Das **Numerale** (Zahlwort) stellt keine einheitliche Wortart dar: Viele rechnen die unbestimmten Numeralia zu den Pronomen, einige sind Adverbien, einige Substantive, die meisten Adjektive. Gemeinsam ist allen, dass sie eine bestimmte oder unbestimmte Menge angeben.

Traditionell gliedert man die Numeralia in folgende Gruppen:

a) **Kardinalzahlen** (Grundzahlen) auf die Frage ‚Wie viele?':
eins, zwei, drei… zwanzig … hundert … tausend … eine Million …

b) **Ordinalzahlen** (Ordnungszahlen) auf die Frage ‚Der Wievielte?':
der erste, zweite, dritte … zwanzigste … hundertste… tausendste …

c) **Distributivzahlen** (Einteilungszahlen) auf die Frage ‚Wie viele jeweils?':
je zwei, je drei …

d) **Multiplikativzahlen** (Vervielfältigungszahlen) auf die Frage: ‚Wie viel mehr?' *zweifach, dreifach …*

e) **Iterativzahlen** (Wiederholungszahlen) auf die Frage ‚Wie oft?':
zweimal, dreimal …

f) **Bruchzahlen** auf die Frage ‚Der wievielte Teil':
halb, anderthalb, drittel, viertel, ein Zehntel …

g) **Gattungszahlen** auf die Frage ‚Wievielerlei?': *zweierlei, dreierlei …*

h) **unbestimmte Zahlwörter:** *einige, manche, ganz …* (➔ 36)

i) **Kollektivzahlen:** *ein Dutzend, Dutzende, Hunderte, Tausende …*

k) **Aufzählungswörter:** *erstens, zweitens, drittens …*

Besonderheiten:

a) **‚Eins'** wird in allen Kasus dekliniert; *‚zwei'* und *‚drei'* nur im Genitiv Plural, wenn kein Artikel steht: *die Leistungen dreier Mitarbeiter / der drei Mitarbeiter*

b) Die Kardinalzahlen **‚zwei bis zwölf'** werden im Dativ dekliniert, wenn sie ohne Substantiv stehen: *zu zweien, auf allen vieren;* in Verbindung mit der Präposition *‚zu'* begegnet auch die Endung -t: *zu dritt, zu siebt*

c) **Hundert und Tausend** werden wie *‚Dutzend'* sowohl substantivisch als auch adjektivisch verwendet, können also bei unbestimmten Angaben sowohl groß- als auch kleingeschrieben werden: *Mehrere tausend/Tausend Menschen*

d) **Viertel / viertel:** Bei ungenauen Angaben (*um viertel acht*) wird kleingeschrieben, sonst groß: *Wir treffen uns Viertel vor acht.*

e) **ein halb / eine halbe:** Entweder bleiben beide Formen undekliniert oder beide werden dekliniert. *Mit ein halb multiplizieren – vor zwei und einem halben Jahr*

Das Adverb

Das Adverb (Umstandswort) gehört zu den Partikeln, d. h. zu den nicht flektierbaren Wortarten (wenn auch in wenigen Ausnahmefällen die Steigerung möglich ist: *gern, lieber; bald, eher, oft, öfter, wohl, besser, sehr, mehr*). Bei einer Verbform gibt es die näheren Umstände des mit diesem Verb genannten Geschehens an (*Das hast du gut gemacht!*), es kann jedoch auch bei einem Substantiv (als Attribut: *das Haus dort*) oder bei einem Adjektiv und Adverb als Adverbialzusatz (*sehr schön*) stehen; als Pronominaladverb kann es auch in der Position des Objekts erscheinen (*ich denke nicht daran*), als Konjunktionaladverb (*deshalb, infolgedessen*) verbindet es Sätze miteinander, als Interrogativadverb oder Relativadverb (*wo*) leitet es Sätze ein.
Nach ihrer **adverbialen Funktion** unterscheidet man:

- 1. **lokale** Adverbien (Ortsadverbien) auf die Frage ‚Wo, wohin, woher, wie weit?': *hier, da, dort, drin, rechts, links, hinten, vorn, oben, unten, nirgends; hierhin, dorthin, hin, fort aufwärts, hinunter; her, umher, heraus*
- 2. **temporale** Adverbien (Zeitadverbien) auf die Frage ‚Wann, seit wann, bis wann, wie lange, wie oft?': *jetzt, heute, gestern, morgen, dann, danach, vorher, bald, morgens, bisher, demnächst, schon, einst; bisher, seitdem, fortan; oft, einmal, manchmal, mehrfach, zeitweise*
- 3. **modale** Adverbien (Adverbien der Art und Weise) auf die Frage ‚Wie, wie viel, wie sehr?': *so, gern, anders, sehr, überhaupt, fast, etwa, beinahe, ungefähr, freilich, immerhin, doch, jedoch, sogar, besonders, leider, vielleicht, nicht* und alle von Adjektiven gebildeten Adverbien
- 4. **kausale** Adverbien (Adverbien des Grundes; darunter subsumiert man auch instrumentale, finale, konzessive, konsekutive und konditionale → 58): *darum, deshalb, deswegen, sonst, damit, trotzdem, dennoch, doch, dazu, folglich, also*

Unter dem **Aspekt der Wortbildung** unterscheidet man:

a) **reine Adverbien:** *dort, sehr, gern, oft*
b) **zusammengesetzte Adverbien:** *hierher, außerdem, demnach*
c) **Ableitungen:** *ungern, vergebens, unzweifelhaft, nachts*
d) **Adjektivadverbien:** *bestimmt, sicher, genau*

Ihre **Verwendung bzw. Stellung im Satz** bezeichnen wir als

a) **adverbial:** *Das haben wir recht* (Adverbzusatz) *gern getan.*
b) **attributiv:** *das Haus drüben*
c) **konjunktional:** *Ihn fror, deshalb zog er den Mantel an.*
d) **relativen:** *Das Haus, wo ich geboren wurde …*
e) **interrogativ:** *Sag mir, wo die Blumen sind.*
f) **modifizierend:** *Kommst du etwa zu mir?*

Die Konjunktion

Die **Konjunktion** (Bindewort) verbindet Wörter, Satzglieder oder Sätze miteinander, sie stellt also selbst weder ein Satzglied noch ein Satzgliedteil dar, nimmt in einem Satz also auch keine Stelle ein.
Man unterscheidet:

- 1. **Nebenordnende** (koordinierende) Konjunktionen: Sie verbinden gleichrangige Wörter, Wortgruppen, Satzglieder und Sätze miteinander: (→ 55)
  a) anreihend (kopulativ): *und, sowie, sowohl ... als auch, weder ... noch*
  b) ausschließend (disjunktiv): *oder, entweder ... oder*
  c) gegensätzlich (adversativ): *aber, doch, jedoch, dennoch, dagegen, vielmehr, sondern*
  d) vergleichend (modal): *wie, als, umso, desto, insofern*
  e) begründend (kausal): *denn, nämlich, ja, doch, sonst, trotzdem*

- 2. **Unterordnende** (subordinierende) Konjunktionen (manche nennen sie auch Subjunktionen), sie leiten Nebensätze ein (→ 55):
  a) temporal: *während, indem, als, wenn, nachdem, sobald, bevor, ehe, solange, sooft, seitdem, seit, bis*
  b) modal: *indem, dadurch dass, ohne dass, statt dass, soweit, je, wie wenn, als wenn, als ob*
  c) kausal: *da, weil, zumal*
  d) konzessiv: *obwohl, obgleich, obschon, wenngleich, wenn auch*
  e) adversativ: *während, wohingegen*
  f) final: *damit, auf dass, dass*
  g) konsekutiv: *so dass, sodass, als dass*
  h) konditional: *wenn, sofern, falls*

  Die bisher genannten unterordnenden Konjunktionen leiten Adverbialsätze (→ 57) ein und werden auch nach dieser adverbialen Funktion eingeteilt. Anders steht es mit den
  i) Inhaltskonjunktionen, die zur Einleitung von Subjekt- und Objekt (→ 55), gelegentlich auch Attributsätzen (→ 55) dienen: *dass, ob und wie*

- 3. **Infinitivkonjunktionen** (auch Satzkonjunktionen genannt) verbinden Infinitive mit einem Satz: *zu, um ... zu, ohne ... zu, anstatt ... zu* (→ 59)

- 4. Viele Adverbien (→ 38) übernehmen die Aufgabe von nebenordnenden Konjunktionen, man bezeichnet sie deshalb auch als **Konjunktionaladverbien:** *deshalb, also* etc. oder von Pronomen, man bezeichnet sie dann als **Pronominaladverbien** (Relativ- oder Interrogativadverbien): *wo, womit, wann* etc.

Die Präposition

Die **Präposition** (Verhältniswort) zeigt die Beziehung an, in der ein Wort zu anderen im Satz steht. In Verbindung mit einem Substantiv, Adjektiv oder Pronomen bestimmt sie dessen Kasus:

- 1. beim **Akkusativ** stehen: *bis, durch, für, gegen, um, wider, ohne*
- 2. beim **Dativ** stehen: *ab, aus, außer, bei, entgegen, entsprechend, gegenüber, gemäß, mit, nach, nächst, nebst, seit, von, zu, zufolge, zuwider; außer* kann bei *‚geraten'* sogar den Akkusativ regieren: *Ich gerate außer mich.*
- 3. beim **Dativ** (Frage ‚Wo?') **oder Akkusativ** (Frage ‚Wohin?') stehen: *an, auf, entlang, hinter, in, neben, über, unter, vor, zwischen*
- 4. beim **Genitiv** stehen: *abseits, anlässlich, anstatt, außerhalb, betreffs, bezüglich, diesseits, hinsichtlich, innerhalb, jenseits, kraft, längs, laut, mangels, mittels, oberhalb, seitens, statt, um ... willen, unbeschadet, ungeachtet, unterhalb, unweit, vermöge, wegen, zufolge, zwecks*
- 5. Beim **Genitiv** und **Dativ** stehen: *binnen, dank, trotz, während*

Der Begriff Präposition (eigentlich Vor-Gestelltes) bezeichnet die Stellung dieser Wortart vor dem Nomen, doch können einige Präpositionen auch **hinter ihrem Bezugswort** stehen und ändern dann teilweise ihren Kasusbezug: *wegen des schlechten Wetters* und *des schlechten Wetters wegen; entlang dem Fluss* und *den Fluss entlang, dem Befehl zufolge, zufolge des Befehls.*

Einige Präpositionen **verschmelzen mit dem Artikel:** *am, beim, hinterm, im, vorm, zum, zur, ans, aufs, durchs, fürs, hinters, ins, vors, ums ...*

Aus der Verbindung mit Präpositionen der Adverbien *‚da, hier* und *wo'* sind **Pronominaladverbien** entstanden: *daran, darauf, daraus, dabei, dadurch, darum* usw. Auch die Verbindung einer Präposition mit *‚was'* wird in der Regel durch Pronominaladverb ersetzt, also nicht *‚zu was'*, sondern *‚Wozu tust du das?'*, nicht *‚an was'*, sondern *‚Woran denkst du?'* (aber bei Personen: *An wen denkst du?*)

Ausnahmsweise kann eine Präposition auch **vor einem Adverb** stehen: *Er geht nach hinten. Alles Gute kommt von oben.*

Zwei Präpositionen hintereinander treten bei Schachtelungen auf, die man meiden sollte: *Das ist noch von vor deiner Zeit. In mit Sprachlabor ausgerüsteten Schulen ...*

Wegfall des Artikels in Präpositionalgefügen ist häufig bei allgemeinem Sinn: *bei Regen, nach Einbruch der Dunkelheit, auf Anordnung des Chefs; nach getaner Arbeit, hinter vorgehaltener Hand, mit kleinem Gepäck.*
Zur Verwendung der präpositionalen Fügungen → 41.

Präpositionale Fügungen

begegnen zunächst in drei verschiedenen Satzgliedfunktionen:

- 1. als **Adverbiale** (➔ 48): *Wir fahren über den Rhein*. (Wohin fahren wir? Adverbiale des Ortes)
- 2. als **Objekt** (➔ 47): *Er informiert uns über den Rhein.* (Worüber informiert er uns? Präpositionalobjekt)
- 3. als **Attribut** (➔ 52): *Die Brücke über den Rhein* wird technisch überprüft. (Was für eine Brücke wird überprüft? Adverbialattribut)

Anstelle des präpositionalen Ausdrucks kann auch ein Adverb stehen: *Wir fahren dorthin. Die Brücke dort wird überprüft. Er informiert uns darüber.* (Nur beim Präpositionalobjekt muss die Präposition im Adverb enthalten sein: *darüber*.)

Die Abgrenzung zwischen diesen Satzgliedfunktionen ist allerdings nicht immer einfach:

Präpositionalobjekt (➔ 39): *Wir warten auf den Zug*. Wir fragen: Worauf? Hier ist die Präposition mit dem Verb eine ganz enge Verbindung eingegangen, so dass sie nicht wegbleiben oder durch eine andere ersetzt werden kann. (nicht: Wo?, aber auch nicht Wohin?, Woher?, Wobei?).

Adverbiale (➔ 48): *Ich warte auf dem Bahnsteig.* Wir fragen: Wo? (nicht Worauf?) und können die Präposition auch leicht durch eine andere ersetzen: *vor, neben, außerhalb, unterhalb.*

Eine Unterscheidungshilfe besteht auch darin, das Präpositionalobjekt über ein (bedeutungs- oder stamm-)verwandtes Verb zu einem normalen Kasusobjekt umzuformen: *Ich erwarte den Zug. Ich sehe dem Zug entgegen.*

Noch schwieriger ist es bei Ausdrücken mit *‚von'*:

a) Adverbiale: *Er kommt von drüben.* (Woher?)

b) Attribut: *Das Ansehen von Baden-Baden gewinnt durch das Festspielhaus.* (Was für ein Ansehen?)

c) Objekt: *Ich spreche von dir.* (Wovon?)

d) Aber wie steht es mit: *Vom Fernsehen wurde von dem Vorfall berichtet.* Im aktiven Satz ist *‚Fernsehen'* das Subjekt: *Das Fernsehen berichtete von dem Vorfall.* Hier ist alles klar: *‚von dem Vorfall'* ist präpositionales Objekt. Aber: *‚vom Fernsehen'*? Hier gehen die Meinungen auseinander. Manche bezeichnen es ebenfalls als Objekt, manche als instrumentales Adverbiale (= durch das Fernsehen) und erkennen nur die handelnde Person als Objekt an. (*Von ihm wurde mir gesagt, dass …*)

Bei *‚Er ist von schlankem Wuchs.'* dagegen müsste man eher von einem **Prädikativum** (➔ 46) sprechen.

Satzglieder

Bestimmung der Satzglieder

Das Zeugnis der mittleren Reife hat Felix sehr rasch

I Subjekt — finites Prädikat

II Dativobjekt — Adverbiale modal

III Genitivattribut — Adverbialzusatz

IV Adjektivattribut

zu einer Stellung beim Zoll verholfen.

I infinites Prädikat

II Präpositionalobjekt

III Adverbialattribut

Was ein Satzglied ist oder zu einem Satzglied gehört, kann mit drei verschiedenen Methoden untersucht werden:

- 1. **Ersatzprobe:** Jedes Satzglied kann durch ein einzelnes Wort ersetzt werden; die Reduktion unseres Satzes zeigt an, dass er aus fünf Satzgliedern besteht: *Es verhilft ihm rasch dazu.*

- 2. **Verschiebeprobe:** Was sich nicht getrennt von anderen Teilen des Satzes verschieben lässt, ist nur Bestandteil eines Satzglieds: *‚mittleren'* ist kein Satzglied, sondern Bestandteil des Ausdrucks *‚der mittleren Reife'*; doch auch *‚der mittleren Reife'* stellt kein Satzglied dar, sondern ist nur Bestandteil des Subjekts *‚Das Zeugnis'*; ebenso ist *‚sehr'* nur Bestandteil des Ausdrucks *‚sehr rasch'*.
  Die Verschiebeprobe zeigt insgesamt folgende Möglichkeiten:
  a) *Felix hat das Zeugnis der mittleren Reife sehr rasch zu einer Stellung beim Zoll verholfen.*
  b) *Sehr rasch hat das Zeugnis der mittleren Reife Felix zu einer Stellung beim Zoll verholfen.*
  c) *Zu einer Stellung beim Zoll hat das Zeugnis der mittleren Reife Felix sehr rasch verholfen.*
  d) *‚Beim Zoll hat das Zeugnis der mittleren Reife Felix sehr rasch zu einer Stellung verholfen'* wäre hier ebenfalls möglich, in diesem Fall wäre *‚beim Zoll'* als verschiebbares Glied kein Attribut, sondern ein lokales Adverbiale.

- 3. **Weglassprobe:** Was ohne Beeinträchtigung des Satzbaus weggelassen werden kann, ist als Attribut oder Adverbialzusatz ein Glied der Ebene III usw., also nur Bestandteil eines Satzglieds; es könnte sich allerdings auch um ein Element der Ebene II (*‚rasch'*), also durchaus ein Satzglied, wenn auch ein nicht notwendiges, handeln.

Der Satzbauplan

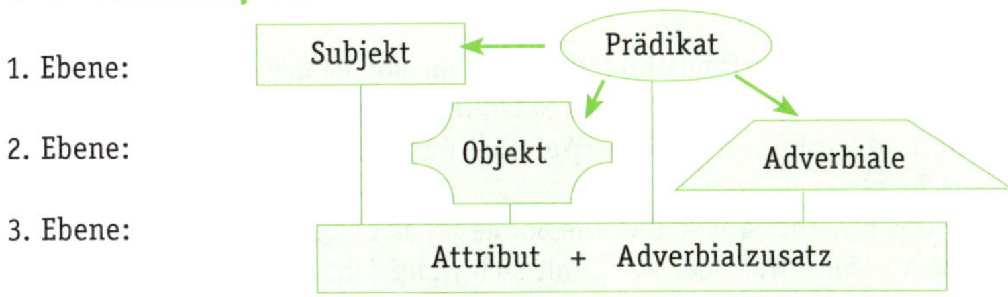

Wie viele Satzglieder zu einem Satz gehören müssen, wird von der **Valenz** (Wertigkeit) des Prädikats bestimmt.

Grundsätzlich müssen die beiden Glieder der ersten Ebene vertreten sein, nur dann liegt ein vollständiger Satz vor.

Das Huhn gackert. ‚*Gackern*' ist **ein einwertiges Verb,** d. h. das Prädikat verlangt nur ein Subjekt, es ist also einwertig; weitere Satzglieder können hinzutreten, sind aber nicht verpflichtend:

Das Huhn (unseres Bauern) gackert (schon am frühen Morgen aus Freude über das gelegte Ei).

Ausnahmsweise kann der Satz sogar nur aus einer einzigen Verbform bestehen, dem **Imperativ** (Befehlsform → 10): In ihm ist nämlich nicht nur das Prädikat enthalten, sondern auch das Subjekt in der 2. Person:

Schau! Schaut!

Das Huhn legt.

hingegen ist nur dann ein Satz, wenn ‚*legen*' als Fachausdruck für die Legefähigkeit eines Huhns verwendet wird, sonst muss ein weiteres Satzglied hinzukommen, das auf die Frage: Wen oder was? antwortet:

Das Huhn legt ein Ei. ‚*Legen*' ist also **ein zweiwertiges Verb,** wenn es bei einem Vogel verwendet wird, d. h. das Prädikat verlangt nicht nur das immer obligatorische Subjekt, sondern noch ein Akkusativobjekt.

Mutter legt ein Ei …

kann dagegen nur in einem Nonsense-Text vorkommen, denn das normale Verb ‚*legen*' ist **dreiwertig,** d. h. zum Subjekt und Akkusativobjekt muss noch eine Richtungsangabe hinzukommen:

Mutter legt ein Ei auf den Frühstückstisch.

Auch hier können weitere Satzglieder oder Satzgliedteile hinzutreten, die aber nicht obligatorisch (verpflichtend) sind:

Die (aufmerksame) Mutter legt (morgens immer) ein (gekochtes) Ei auf den (reich gedeckten) Frühstückstisch.

An welcher Stelle des Satzes ein Satzglied steht, hängt mit der Satzart zusammen (→ 53). Nach den anderen Satzgliedern muss immer vom Verb aus gefragt werden!

Das Subjekt

Das **Subjekt** (der Satzgegenstand) bildet zusammen mit dem Prädikat die Grundstruktur des einfachen Satzes. Es ist das Satzglied, über das vom Prädikat etwas ausgesagt wird, und wird mit der Frage: ‚Wer oder was' ermittelt.

Die Sonne scheint.
– Wer oder was scheint? die Sonne. Die Sonne ist also Subjekt.
Ich fühle mich wohl. – Wer oder was fühlt sich wohl? ich. Ich ist also Subjekt.

Das Subjekt muss in Person und Numerus mit dem Prädikat übereinstimmen (Kongruenz ➜ 9), also nicht: Die Sonne scheinen. oder: Ich fühlst.
Das Subjekt kann in unterschiedlicher Form im Satz erscheinen:

a) als **Substantiv:** *Der Regen fällt.* – Wer oder was fällt? der Regen.

b) als **Pronomen:** *Du wirst nass.* – Wer oder was wird nass? du. Unterschiedliche Verwendung gibt es nur bei *‚es'*: *Es regnet.* – Wer oder was regnet? es – In diesem Fall handelt es sich um ein **unpersönliches Subjekt,** da der Verursacher des Geschehens nicht genannt werden kann (‚regnen' ist schließlich ein unpersönliches Verb); ähnlich bei: *Es ist kalt.* Meist bezieht sich *‚es'* aber auf etwas vorher Genanntes (etwa das Thermometer: *Es fällt*) oder später noch Erläutertes: *Es fällt kein Tropfen mehr.* – Wer oder was fällt? es. Was ist mit *‚es'* gemeint? kein Tropfen. Dies ist also das eigentliche Subjekt, *‚es'* nennt man in dieser Verwendung das **vorläufige Subjekt.**

c) als **substantivierte andere Wortart:** *Donnern ist noch nicht Regnen.* (Verb im Infinitiv) – *Alles Gute kommt von oben.* (Adjektiv) – *Etwas wird noch herunterkommen.* (Numerale) ....

d) als **Subjektsatz:** *Dass es heute noch regnen wird, ist vorherzusehen.* – Wer oder was ist vorherzusehen? dass es heute noch regnen wird.

e) als **Infinitivsatz:** *Das Wetter richtig vorherzusagen ist nicht einfach.* – Wer oder was ist nicht einfach? das Wetter richtig vorherzusagen.

f) im **Imperativ** ist das Subjekt als 2. Person in der Regel bereits enthalten: *Nehmt eure Schirme mit!* Nur bei besonderer Betonung wird es hinzugesetzt: *Nimm du doch wenigstens einen Schirm mit!*

Das **logische Subjekt** bezeichnet den wirklich Handelnden, z. B. im passiven Satz: *Ich bin vom Regen durchnässt. = Der Regen hat mich durchnässt:* Ich ist zwar **grammatisches Subjekt,** logisches Subjekt ist aber der Regen (➜ 20).

Das Prädikat

Das **Prädikat** (Satzaussage) ist das wichtigste Glied eines Satzes. Es bestimmt die Struktur des Satzes. Erfragt wird es mit ‚Was ist über das Subjekt ausgesagt?' oder mit ‚Was tut/erleidet das Subjekt?' Es besteht wenigstens aus einer finiten Verbform (Personalform ➜ 10) und wird durch fünf Merkmale bestimmt:

a) **Person** (1./2./3.) und
b) **Numerus** (Singular/Plural): Hierin herrscht Kongruenz (➜ 9) mit dem Subjekt.
c) **Tempus** (Präsens / Präteritum / Futur I / Perfekt / Plusquamperfekt / Futur II ➜ 15)
d) **Modus** (Indikativ/Konjunktiv/Imperativ ➜ 17)
e) **Genus** Verbi (Aktiv/Passiv ➜ 20)

Die Bestimmung einer Verbform erfolgt nach diesen fünf Vorgaben. Beispiel: *Ich wurde von einem Hund gebissen.* Das Prädikat lautet: *wurde gebissen* und ist a) 1. Person b) Singular c) Präteritum d) Indikativ e) Passiv.

Gebildet wird das Prädikat

- 1. aus einem einfachen **Vollverb:** *Der Hund bellt.*
- 2. einem **Vollverb mit Verbzusatz:** *Der Hund schlägt an.*
- 3. einem **Vollverb im zusammengesetzten Tempus,** d.h. finite Form von *haben* oder *sein* + Partizip II (beim Perfekt/Plusquamperfekt): *Der Hund hat gebellt.* - oder finite Form von *werden* + Infinitiv (beim Futur): *Der Hund wird nicht beißen.*
- 4. einem **Vollverb im Passiv,** d.h. finite Form von *werden* + Partizip II:

  Der Hund wird trainiert.
- 5. einem **Hilfsverb** *(sein / werden / bleiben / heißen / gelten als)* **mit Prädikatsnomen** (➜ 48): *Der Hund ist ein Pudel. Der Hund ist läufig. Der Hund ist guter Laune.*
- 6. einem **Modalverb mit Infinitiv**: *Der Hund muss Gassi gehen.*
- 7. einem **modifizierenden Verb mit Infinitiv mit ‚zu'**: *Ein Jagdhund hat bedingungslos zu gehorchen.*

Beim mehrteiligen Prädikat können zwischen den finiten und infiniten Teil des Prädikats noch andere Satzglieder (und Sätze) treten. Die Personalform bildet dann mit dem infiniten Teil die sogenannte **Satzklammer** (Verbalklammer), die für den deutschen Satzbau besonders typisch ist: *Der Hund hat, obwohl er scheinbar keinen Anlass dazu hatte und wir ständig ihn zu beruhigen oder abzulenken versuchten, den ganzen Vormittag ohne Unterlass mit einer Lautstärke, die allen auf die Nerven ging, gebellt.*

Das Prädikativum

Als **Prädikativum** (Prädikatsnomen, Gleichsetzungsgröße) bezeichnet man in der Regel das nominale Satzglied, das zusammen mit einem Hilfsverb (sein/werden/bleiben) das Prädikat bildet. Es bezieht sich auf das Subjekt.

Es kann sein

a) ein Substantiv (Prädikatssubstantiv, Prädikatsnominativ, Gleichsetzungsnominativ): *Der Hund ist ein Rüde.*

b) ein Adjektiv (Prädikatsadjektiv): *Der Hund ist bissig.*

c) ein Pronomen: *(Der Hund ist nicht mehr bissig.) Er ist es gewesen.*

c) ein Vergleich: *Der Hund ist wie ein Freund.*

d) ein qualitativer Genitiv oder eine entsprechende präpositionale Fügung: *Der Hund ist eines Sinnes mit mir.* oder *Er ist von gleichem Schrot und Korn.*

e) ein Nebensatz (Prädikativsatz): *Der Hund ist, was man eine treue Seele nennt.*

Manche Grammatiken bezeichnen auch noch ein Adverb oder jede präpositionale Fügung in diesem Zusammenhang als prädikativ (z. B. *Der Hund ist hier. Der Hund ist ohne Leine.*); doch empfiehlt es sich, in solchen Fällen von einem Adverbiale zu sprechen (Wo/wie befindet sich der Hund?) und das Hilfsverb *‚sein'* als Vollverb zu betrachten.

Die Bezeichnung **Prädikativum** wird allerdings noch in einem weiteren Sinn verwendet, diesmal nicht als unerlässlicher Bestandteil des Prädikats, aber ebenfalls im Sinn von Gleichsetzung, in der Regel mit *‚als'*: *Als Begleiter kann man den Hund fast überall mitnehmen.* Dieses Prädikativum hat satzwertige Funktion (= wenn er einen begleitet).

Bei Verben wie *‚nennen, heißen, rufen, schelten sowie halten für, machen zu, wählen zu, betrachten als, erkennen als, geben als, haben als, halten als, nehmen als'* ist darüber hinaus zum normalen Akkusativobjekt noch ein zweiter Akkusativ, ein Gleichsetzungsakkusativ, erforderlich: *Sie hat den Dackel ihren treuen Freund genannt. Er hält die Dogge als Jagdhund.* Man spricht hier von einem **Objektsprädikativ.** Im Passiv wird daraus ein **Subjektsprädikativ:** *Der Dackel wurde von ihr treuer Freund genannt. Die Dogge wird von ihm als Jagdhund gehalten.* Ein solches Subjektsprädikativ liegt auch vor bei den Verben *‚gelten als, sich bewähren als, sich zeigen als': Der Schäferhund gilt als treuer Freund. Er hat sich in vielen Situationen als treuer Freund bewährt.* In diesen Fällen kann auch ein Adjektiv als Prädikativ stehen: *Er gilt als treu.*

Das Objekt

Objekte (Ergänzungen) ergänzen die verbale Aussage, die das Prädikat im Hinblick auf ein Subjekt macht. Art und Anzahl dieser Ergänzungen ist von der Valenz (Wertigkeit ➔ 43) des jeweiligen Verbs abhängig.
Die Abhängigkeit des einfachen Objekts wird durch einen Kasus oder eine Präposition bestimmt. Wir unterscheiden:

- 1. **Akkusativobjekt** (Frage: Wen oder was?): Es wird von transitiven (➔ 20) Verben gefordert und von manchen als ‚näheres (direktes) Objekt', von manchen auch als ‚Zielgröße' bezeichnet: *Ich hole dich vom Zug ab.* Manche Verben (*lehren, kosten*) verlangen zwei Akkusativobjekte: *Das kostet mich ein Vermögen. Das schert ihn keinen Pfifferling.*
- 2. **Dativobjekt** (Frage: Wem?): Es wird von manchen als ‚entfernteres (indirektes) Objekt', von manchen auch als ‚Zuwendgröße' bezeichnet: *Folge mir bitte zum Taxi.*

  Es steht oft zusammen mit einem Akkusativobjekt: *Er überreichte ihr einen Blumenstrauß.*
- 3. **Genitivobjekt** (Frage: Wessen?) wird nur noch in förmlicher Rede oder in Redewendungen verwendet nach Verben wie: *anklagen, bedürfen, beschuldigen, bezichtigen, entbehren, ermangeln, gedenken, harren, pflegen, sich bedienen, sich bemächtigen, sich besinnen, sich brüsten, sich enthalten, sich entledigen, sich erinnern, sich rühmen, spotten, überführen, walten: Wir gedenken der Toten.* In der Regel wird es durch ein Präpositionalobjekt ersetzt: *Wir denken an die Toten.*
- 4. **Präpositionalobjekt:** (Frage: Woran, worauf, womit, wonach, worüber, worum, wovor? d.h. immer mit der zugehörigen Präposition!): Diese Präposition ist eng mit dem Verb verbunden und kann nicht wie beim Adverbiale (➔ 48) durch eine andere Präposition ersetzt werden: *Ich warte auf den Zug.* (nur auf, nicht über, unter, neben o.a.)
- 5. **Objektsätze:** *Ich weiß nicht, ob der Zug pünktlich ist. Ich hoffe, dass er bald eintrifft.*
- 6. **Infinitivkonstruktionen:** *Ich freue mich dich bald zu sehen.*

Als **Objekte zweiten Grades** bezeichnet man solche, die von einem Prädikativum (➔ 46) oder gar von einem Attribut (➔ 52) abhängig sind: *Ich bin das lange Warten leid.* (Akkusativobjekt) *Das ist mir unangenehm.* (Dativobjekt) *Dessen bin ich mir bewusst.* (Genitivobjekt) *Auf deine Ausrede bin ich gespannt.* (Präpositionalobjekt) *Wir trafen auf eine mit dir befreundete Familie.* (Präpositionalobjekt abhängig von einem Attribut)

Das Adverbiale

Das **Adverbiale** (Umstandsbestimmung) wird gelegentlich von der Valenz (Wertigkeit → 43) des Verbs zur Bildung eines grammatisch richtigen Satzes gefordert, man nennt es dann auch Adverbialergänzung (z. B. *Kartoffelschalen werfen wir in den Müll*); die nicht notwendigen Adverbiale bezeichnet man als freie Adverbiale oder Adverbialangaben (z. B. *Der Müll wird (bei uns) (alle vierzehn Tage) geleert.* Adverbiale werden gebildet aus

a) **Adverbien:** *Die Eimer sollen abends an die Straße gestellt werden.*
b) **Adjektiven:** *So können sie früh am Morgen geleert werden.*
c) **präpositionalen Fügungen:** *Der Müll wird auf der Deponie gelagert.*
d) **adverbialem Genitiv oder Akkusativ:** *Die Müllwerker sind nicht nur des Morgens, sondern den ganzen Nachmittag beschäftigt.*
e) **Nebensätzen:** *Die Entsorgung erfolgt so, dass der Verkehr möglichst wenig beeinträchtigt wird.*
f) **satzwertigen Infinitiven:** *Kontrolle muss sein, um Müll zu vermeiden.*

Das Adverbiale gibt die näheren Umstände an, unter denen sich die im Prädikat ausgedrückte Handlung vollzieht:

a) **lokal** (Bestimmung des Ortes – Frage: Wo, wohin, woher?): *Wir stellen die Mülleimer an die Straße.*
b) **temporal** (Bestimmung der Zeit-Frage): Wann, bis wann, seit wann, wie lange?): *Die Leerung erfolgt donnerstags.*
c) **modal** (Bestimmung der Art und Weise – Frage: Wie?): *Eine Leerung ist mit 5 Euro zu veranschlagen.*
d) **instrumental** (Bestimmung des Mittels – Frage: Wodurch?): *Der Müll wird mit Müllwagen abtransportiert.*
e) **kausal** (Bestimmung des Grundes – Frage: Warum?): *Wegen der Hitze erfolgt die Leerung im Sommer wöchentlich.*
f) **konzessiv** (Bestimmung des Gegengrunds – Frage: Trotz wessen?): *Die Leerung findet trotz der Feiertage statt.*
g) **adversativ** (Bestimmung des Gegensatzes – Frage: Im Gegensatz wozu?): *Im Gegensatz zum vorigen Jahr wird Sperrmüll nur noch auf Anfrage entsorgt.*
h) **final** (Bestimmung des Zwecks – Frage: Wozu?): *Zur Vermeidung des Mülls werden strenge Auflagen erteilt.*
i) **konsekutiv** (Bestimmung der Folge – Frage: Mit welcher Wirkung?): *Infolgedessen haben sich die Müllmengen verkleinert.*
k) **konditional** (Bestimmung der Bedingung – Frage: Unter welcher Voraussetzung?): *Bei weiteren solchen Einsparungen kann der Preis für die Abfuhr gehalten werden.*

Orts- und Zeitangaben

Lokalangaben begegnen als Adverbien, präpositionale Ausdrücke oder Lokalsätze und bezeichnen

a) den **Ort** auf die Frage: Wo?: *Wir leben hier. Wir leben hier zu Lande. Wir leben da, wo wir geboren wurden.*
b) die **Richtung** auf die Frage: Wohin?: *Wir fahren heim. Wir fahren in unser Dorf. Wir fahren, wohin der Zufall uns treibt.*
c) die **Herkunft** auf die Frage: Woher?: *Wir kommen dorther. Wir kommen aus dem Süden. Wir kommen, von wo wir vertrieben wurden.*
d) die **räumliche Ausdehnung** auf die Frage: Wie weit? (nur Nebensatz): *Wir fahren, so weit wir können.* (Aufgepasst: *‚soweit'* hat zusammengeschrieben, d. h. als Konjunktion, eine andere Bedeutung: *‚falls wir können'*!)

Temporalangaben begegnen als Adverbien, adverbiale Kasusangaben, präpositionale Ausdrücke oder Temporalsätze und bezeichnen:

a) den **Zeitpunkt** auf die Frage: Wann?: *Abends sehen wir fern. Des Abends sehen wir fern. Dienstag Abend sehen wir fern. Am Abend sehen wir fern. Wenn es Abend ist, sehen wir fern.*
   Auch ein längerer Zeitabschnitt kann mit der Frage Wann? bezeichnet werden: *In früheren Jahrhunderten war Fernsehen noch nicht möglich.*
   Das Zeitverhältnis zum Kontext kann durch *‚jetzt, bald, früher'* gekennzeichnet werden.
b) die **Zeitdauer** auf die Frage: Wie lange?: *Wir sehen oft lange fern. Vier Stunden sitzen wir vor dem Fernseher. Während der Nacht sehen wir fern. Solange ein Programm läuft, sehen wir fern.*
c) den **Beginn** eines Vorgangs auf die Frage: Seit wann?: *Seither sehen wir fern. Von Stund an sehen wir fern. Seit wir Kabel haben, sehen wir fern.*
d) das **Ende** eines Vorgangs auf die Frage: Bis wann?: *Bis zum Sendeschluss sehen wir fern. Wir sehen fern, bis uns die Augen zufallen.*
   Beginn und Ende zusammen begegnen auch auf die Fage: Von wann bis wann?: *Von abends bis zum Morgengrauen sehen wir fern. Zwischen Abendnachrichten und Mitternacht sehen wir fern.*
e) die **Wiederholung** auf die Frage: Wie oft?: *Wir sehen selten fern. Jeden Abend sehen wir fern. An allen freien Abenden sehen wir fern. Sooft (jedes Mal wenn) wir Zeit haben, sehen wir fern.*

Temporalsätze bezeichnen darüber hinaus auch das **Zeitverhältnis** zum übergeordneten Satz:
gleichzeitig: *Ich sehe fern, wenn ich Zeit habe.*
vorzeitig: *Sobald ich nach Hause gekommen bin, sehe ich fern.*
nachzeitig: *Ich sehe so lange fern, bis du mich abholen wirst.*

Kausalangaben

Kausale (begründende) Zusammenhänge können auf unterschiedliche Weise kenntlich gemacht werden:

- 1. **durch die koordinierenden Konjunktionen** (→ 39): *denn, nämlich*
  a) in Form einer Satzreihe: *Er kann nicht kommen, denn er ist krank (er ist nämlich krank).*
  b) mit „nämlich" als Zusatz: Er ist zu Hause, nämlich bettlägerig.
- 2. **durch die subordinierenden Konjunktionen** *da, weil,* d.h. als Satzgefüge: *Er kann nicht kommen, da er krank ist (weil er krank ist).*
  Mit Zusätzen kann diese Kausalität verstärkt werden: *‚da ja'* verweist auf eine anerkannte Tatsache; *‚zumal da'* (hier kann *‚da'* auch wegbleiben; der Ausdruck kann auch durch *‚umso mehr als'* ersetzt werden) betont den ausschlaggebenden Grund: *Er kann nicht kommen, da er ja ziemlich überlastet ist, zumal die Straßen wegen Glatteis fast unpassierbar sind.*
- 3. durch **Adverbien** (→ 38): *daher, darum, deshalb, deswegen, also, demnach, folglich, infolgedessen, mithin, somit* u. Ä.; *krankheitshalber* u. v. a. in verschiedenen Formen: *Er ist krank, daher kommt er nicht.* (Satzreihe) *Er ist krank, daher abwesend.* (Aufzählung) *Er ist krankheitshalber abwesend.* (Adverbiale)
- 4. durch **präpositionale Fügungen** (→ 40): *Wegen Krankheit geschlossen. Aus Liebeskummer verweigerte sie die Nahrung.*
- 5. durch **Adjektiv-Adverb mit folgendem ‚wie'-Satz:** *Schlau, wie er ist (= weil er schlau ist), hat er den Braten rechtzeitig gerochen.*

Kausalität im weiteren Sinn liegt natürlich auch vor bei

a) **konzessivem Zusammenhang,** indem der unzureichende Grund (Gegengrund) angegeben wird, der ohne Auswirkung auf das Geschehen blieb, es aber hätte verhindern können oder gar sollen: *Er kam, obwohl er krank war (trotz Krankheit).*

b) **konsekutivem Zusammenhang,** indem die Folge des Nebensatzgeschehens durch den Hauptsatz begründet wird: *Er war so krank, dass er zu Hause bleiben musste.*

c) **finalem Zusammenhang,** indem der Zweck des Nebensatzgeschehens die Hauptsatzhandlung begründet: *Er legte sich ins Bett, damit er schneller gesund würde (um schneller gesund zu werden).*

d) **konditionalem Zusammenhang,** indem mit der Bedingung ein möglicher Grund für die Hauptsatzhandlung genannt wird: *Wenn er gesund wäre, käme er. Wenn er gesund ist, kommt er wohl.*

e) **instrumentalem Zusammenhang,** indem das Mittel genannt wird: *Dadurch dass er gleich zum Arzt ging, wurde er schnell wieder gesund.*

Modalangaben

Umstandsbestimmungen der Art und Weise (Grundfrage: Wie?) begegnen wie andere Adverbiale in Form von einfachen Adverbien, adverbialen Kasus, von präpositionalen Ausdrücken, von Nebensätzen (Modalsätzen) oder satzwertigen Infinitiven und Partizipien; ihrer Aussage nach lassen sie sich auf folgende Weise untergliedern:

1. **Art und Weise** in engerem Sinn (qualitativ) auf die Frage: Auf welche Weise? Wie beschaffen?: *gern, anstandslos, blindlings, rundweg, vergebens, umsonst, irgendwie, genauso – ohne weiteres, mit Vergnügen, mit Freunden, aus Metall – indem er sich die Hände rieb.*

   Fast alle Adjektive können als modale Adverbiale verwendet werden: *Mir geht es gut. Das schmeckt hervorragend. Sie sieht wunderbar aus.*

2. **Zahl, Grad oder Maß** (quantitativ) auf die Frage: Wie viel? Wie sehr?: *allzu, genug, weitaus, zutiefst, überaus, sehr, mehr, sattsam, überhaupt, fast, etwa, höchstens, mindestens, meistens – einige Grad (kälter), mit großem Abstand, bis auf die Knochen (blamiert) – ohne dass er einen Finger zu rühren brauchte – ohne einen Finger zu rühren*

3. **Hervorhebung** (akzentuierend) auf die Frage: Wie sehr?: *ausgerechnet, gerade, genau, erst, selbst, sogar, besonders, insbesondere, zumal* – (die Grenze zu 2. ist fließend, im Allgemeinen werden diese Modalpartikeln lediglich als Adverbialzusatz verwendet): *Das ist dir besonders gut gelungen.*

4. **Vergleich** (komparativ): *wie verrückt – wie es sich gehört; als ob der Teufel hinter ihm her wäre* – Hierzu gehört auch der Proportionalsatz: *Je schneller du arbeitest, umso früher wirst du fertig sein.*

5. **Einschränkung** (restriktiv) auf die Frage: Inwiefern?: *allerdings, freilich, immerhin, zumindest, wenigstens, – Soweit ich weiß, gilt der Preis nicht mehr.*

6. **Gegensatz** (adversativ) auf die Frage: Im Gegensatz wozu?: *doch, jedoch, dagegen, indessen – Während ihr euch ausruht, müssen wir arbeiten.*

7. **Einschätzung und Bewertung** (Modalität (➜ 18): *vielleicht, zweifellos, hoffentlich, kaum, sicherlich, nicht, keineswegs – mit an Sicherheit grenzender Wahrscheinlichkeit, nach menschlichem Ermessen*

Hierzu gehören auch die **Füllwörter** (‚Abtönungspartikeln'), die besonders in der gesprochenen Sprache häufig verwendet werden, wie *etwa, wohl, ja, eben, halt: Weißt du das <u>etwa</u> nicht? Du kannst es ja <u>mal</u> versuchen! Das ist <u>halt</u> nicht einfach.*

Das Attribut

Das **Attribut** (Beifügung – Frage: Was für ein?) ist streng genommen kein Satzglied, sondern nur ein Satzgliedteil, es erweitert den nominalen Bestandteil eines anderen Satzglieds (sein Bezugswort). Da es auch ein Attribut erweitern kann, kann man auch von Attributen verschiedenen Grades reden (besonders beliebt in der Amtssprache): *Gesetz zur Abänderung* (1. Grad) *des Gesetzes* (2. Grad) *zur Regelung* (3. Grad) *der Bebauung* (4. Grad) *unerschlossener* (6. Grad) *Grundstücke* (5. Grad).
Wir unterscheiden folgende Attributbildungen:

- 1. **Adjektivattribut** (dazu gehören auch Pronomina und Partizipien); das Adjektivattribut ist dekliniert (Ausnahme nur bei Nachstellung: *Hänschen klein): das väterliche Haus; jenes Haus, das verwahrloste Haus*
- 2. **Genitivattribut:** *das Haus des Vaters; Vaters Haus*
- 3. **Attribut im gleichen Kasus;** diese Form des Attributs wird auch als Apposition (Beisatz) bezeichnet: *das Haus Waldesruh*, zweckmäßigerweise beschränkt man den Begriff **Apposition** aber auf dieses Attribut, wenn es nachgestellt und erweitert ist (in diesem Fall wird es auch in Kommas eingeschlossen): *das Haus, ein alter Familienbesitz,*
- 4. **Adverbialattribut** (gebildet mit Adverb oder präpositionaler Fügung): *das Haus gegenüber; das Haus am Ende der Straße*
- 5. **Nebensatz** (in der Regel ein Relativsatz): *das Haus, das der Großvater gebaut hat, Die Freude darüber, dass das Haus endlich bezogen werden kann, ist riesengroß.*
- 6. **satzwertiger Infinitiv** (→ 59): *die Mittel ein Haus zu kaufen,*
- 7. Das **Satzattribut** bezieht sich nicht auf ein einzelnes Bezugswort, sondern auf den ganzen vorausgehenden Satz: *Sie beteuerte immer wieder ihre Unschuld, eine Aussage, die man ernst nehmen sollte.*

Viele Attribute gehen in der deutschen Sprache in **Zusammensetzungen** (→ 6) auf: ein *Einfamilienhaus* (= Haus für eine Familie), ein *Fachwerkhaus* (= ein mit Holzfachwerk errichtetes Haus).

Vielfach wird auch die Erweiterung eines Adjektivs oder Adverbs durch ein Adverb oder eine präpositionale Fügung als Attribut bezeichnet: *das Haus ganz hinten; das Haus steht völlig einsam.* Wir ziehen hier, zumal diese Form auch nicht dekliniert ist, die Bezeichnung **Adverbialzusatz** vor.

Glieder wie in *das leer stehende Haus, das mit Schindeln bedeckte Haus* hingegen bezeichnen wir, da sie bei Partizipien stehen, lieber als **Adverbiale zweiten Grades** (von einem höherrangigen Satzglied abhängig).

Satzlehre

Die Satzarten

Die verschiedenen Satzarten lassen sich an der Stellung der Personalform des Prädikats auseinanderhalten:

- 1. **Aussagesätze,** Satzschlusszeichen ist der Punkt. Die Personalform des Prädikats steht immer an **zweiter Stelle.**
  Zum Geburtstag <u>bekam</u> ich ein Buch geschenkt.
  Meine Tante <u>hat</u> mir zum Geburtstag ein Buch geschenkt.
- 2. **Fragesätze,** Satzschlusszeichen ist das Fragezeichen.
  a) **Bestimmungsfrage** (auch Ergänzungsfrage oder Wortfrage), sie fragt nach einem Satzglied, mit diesem (allein oder in einen Aussagesatz eingebettet) wird sie beantwortet. Eingeleitet wird sie mit einem Fragewort (Fragepronomen oder -adverb), das im Deutschen mit ‚w' beginnt, Die Personalform des Prädikats steht **an zweiter Stelle.** *Wer <u>hat</u> dieses Buch geschrieben? – Der Dichter XY* (hat es geschrieben).
  b) **Entscheidungsfrage** (auch Ja/Nein-Frage, Satzfrage), sie fragt, ob der Satz so stimmt oder nicht, die Antwort erfolgt mit Ja oder Nein, das aber auch in Satzform gekleidet sein kann. Die Personalform des Prädikats steht **an erster Stelle:** *<u>Hat</u> der Autor noch andere Bücher geschrieben? – Ja. – Nein. – Das weiß ich nicht.*
  c) **Rhetorische Fragen,** auf die keine eigentliche Antwort erwartet wird, können wie Ausrufesätze unterschiedliche Formen annehmen: *Das soll ein Buch sein? Ein Buch ist das ja wohl nicht? Ob das ein Buch ist? Soll das ein Buch sein? Was ist das doch für ein Buch?*
- 3. **Aufforderungssätze,** Satzschlusszeichen ist das Ausrufezeichen. Die Personalform des Prädikats steht immer **an erster Stelle:**
  <u>Zeigen</u> Sie mir bitte dieses Buch!
- 4. **Ausrufesätze,** Satzschlusszeichen ist das Ausrufezeichen. Hier kommt es stark auf die Intonation (Betonung) an. Deshalb begegnen alle drei Bauweisen:
  a) Die Personalform des Prädikats steht an erster Stelle:
  <u>Ist</u> das aber ein schönes Buch!
  b) Die Personalform des Prädikats steht an zweiter Stelle:
  Das <u>ist</u> aber ein schönes Buch!
  c) Die Personalform des Prädikats steht an letzter Stelle:
  Wie schön dieses Buch doch <u>ist</u>!

Bei **Nebensätzen** steht die Personalform des Prädikats **an letzter Stelle** (→ 55).

Satzreihe und Satzgefüge

Die Begriffe Koordination und Subordination, die bei den Konjunktionen (→ 39) verwendet werden, lassen sich auch auf Sätze beziehen.

Koordination (Nebeneinanderstellung, Nebenordnung, Beiordnung) liegt bereits bei Satzgliedern vor, wenn sprachliche Elemente parallel zueinander angeordnet werden. Dabei spricht man von **syndetischer Reihung,** wenn die einzelnen Bestandteile miteinander verbunden sind, etwa durch beiordnende Konjunktionen, *(Und es wallet und siedet und brauset und zischt ...)* oder von **asyndetischer Reihung,** wenn sie unverbunden nebeneinander stehen *(Alles rennet, rettet, flüchtet ...).*

Handelt es sich nicht nur um einzelne Wörter oder Satzglieder, sondern um Sätze, verwendet man den Begriff der **Parataxe** oder **Satzreihe:** *Die linden Lüfte sind erwacht, sie säuseln und weben Tag und Nacht, sie schaffen an allen Enden.* (asyndetisch); *Und blindlings reißt der Mut ihn fort, und er lästert die Gottheit mit sündigem Wort, und er brüstet sich frech und lästert wild.* (syndetisch)

Auch Nebensätze können parataktisch angereiht sein: *Wenn nicht mehr Zahlen und Figuren / sind Schlüssel aller Kreaturen, / wenn die, so singen oder küssen, / mehr als die Tiefgelehrten wissen, / wenn sich die Welt ins freie Leben / und in die Welt wird zurückbegeben, / wenn dann sich wieder Licht und Schatten / zu echter Klarheit werden gatten / und man in Märchen und Gedichten / erkennt die wahren Weltgeschichten, / dann fliegt von einem geheimen Wort / das ganze verkehrte Wesen fort.* (Novalis)

Der Gegenbegriff zur Koordination ist die **Subordination** (Unterordnung, Abhängigkeit) von Sätzen (bei Satzgliedern könnte man diese Bezeichnung bestenfalls Attributen zuerkennen). Nebensätze sind von Hauptsätzen oder von einem Nebensatz höheren Grades abhängig. Wir sprechen jetzt von **Hypotaxe** oder **Satzgefüge:** *Ich weiß, dass mir nichts angehört / als der Gedanke, der ungestört / aus meiner Seele will fließen, / und jeder günstige Augenblick, den mich ein liebendes Geschick / von Grund aus lässt genießen.*

Hier sind wahre Satzungetüme möglich: *Wir alle warten gespannt darauf* (Hauptsatz), *dass ihr von eurer Fahrt zurückkommt* (Nebensatz 1. Grades), *damit ihr uns berichten könnt* (2. Grades), *wie es euch ergangen ist* (3. Grades), *während wir zu Hause geblieben sind* (4. Grades), *wo wir uns schrecklich gelangweilt hätten* (5. Grades), *wenn nicht ein Ereignis eingetreten wäre* (6. Grades), *das auch hier für einige Aufregung gesorgt hat* (7. Grades). (Bei Verschachtelung wirkt das noch viel beeindruckender!)

Die Einteilung der Nebensätze

Nebensätze teilt man ein

- 1. **nach ihrem Einleitewort** (→ 56):
  a) Konjunktionalsätze
  b) Relativsätze
  c) indirekte Fragesätze

- 2. **nach der Satzgliedfunktion.** Dabei ist zu berücksichtigen, dass jeder Nebensatz ein Satzglied im übergeordneten Satz vertritt. Es gibt also:
  a) **Adverbialsätze:** *Wie man sich bettet, so liegt man.*
  Frage: Wie liegt man? Adverbiale der Art und Weise = Modalsatz (zu den anderen Adverbialsätzen → 58)
  b) **Objektsätze:** *Weißt du, wie viel Sternlein stehen?*
  Frage: Wen/was weißt du?
  c) **Subjektsätze:** *Wer andern eine Grube gräbt, fällt selbst hinein.*
  Frage: Wer/was fällt selbst hinein?
  d) **Attributsätze:** *Du sollst dem Ochsen, der da drischt, nicht das Maul verbinden.*
  Frage: Was für einem Ochsen sollst du nicht das Maul verbinden? – Hierzu gehören die meisten Relativsätze.
  e) **Prädikativsätze:** *Er ist, was er immer gewesen ist.*
  Frage: Wer oder was ist er?
  (Hier wird das Prädikatsnomen erfragt, nicht das Subjekt.)

- 3. **nach ihrer Stellung** im Ganzsatz:
  a) **Vordersatz:** *Nicht wenn du liebenswürdig bist, wirst du geliebt; wenn man dich liebt, wirst du liebenswürdig gefunden.* (Börne)
  b) **Zwischensatz:** *Liebe, die von Herzen liebt, ist am reichsten, wenn sie gibt; Liebe, die von Opfern spricht, ist schon rechte Liebe nicht.*
  c) **Nachsatz:** *Nenne mir den weiten Mantel, drunter alles sich verstecket; Liebe tut's, die alle Mängel gerne hüllt und fleißig decket.* (Logau)

- 4. **nach dem Grad ihrer Abhängigkeit:**
  a) Nebensätze 1. Grades sind direkt von einem Hauptsatz abhängig: *Wo Liebe kommt ins Haus, da zieht die Klugheit aus.* (Logau)
  b) Nebensätze 2. Grades sind von einem Nebensatz 1. Grades abhängig: *Wer ein Liebchen hat gefunden, die es treu und redlich meint, lohn' es ihr durch tausend Küsse.* (Mozart)
  c) Nebensätze 3. Grades sind von einem Nebensatz 2. Grades abhängig, *usw.: Wir machen die Erfahrung, dass sich Termini nicht mehr ausmerzen oder durch andere ersetzen lassen, wenn sich herausstellt, dass die Vorstellungen, die ihnen zugrunde liegen, falsch sind.*

Das Erkennen von Nebensätzen

Nebensätze erkennt man gewöhnlich

- 1. **an ihrem Einleitewort:**

  a) einer **unterordnenden Konjunktion** (→ 39), man spricht dann von einem Konjunktionalsatz: *Es kann der Frömmste nicht im Frieden bleiben, wenn es dem bösen Nachbar nicht gefällt.*

  b) einem **Relativpronomen oder Relativadverb** (→ 34), man spricht dann von einem Relativsatz: Eine Form von *‚der / die / das'* = *‚welcher / welche / welches'*, die sich auf ein Bezugswort im übergeordneten Satz bezieht, zeigt an, dass es sich um einen Attributsatz handelt: *Wohl dem, der frei von Schuld und Fehle bewahrt die kindlich reine Seele!*

  Daneben gibt es aber auch freie Relativsätze ohne Bezugswort, hierbei handelt es sich um Subjekts-, Objekts- oder Adverbialsätze (→ 55). *Er sprach aus, was alle gedacht hatten. Es geschah, womit niemand mehr rechnen konnte. Wo dein Lebensmittelpunkt ist, ist deine Heimat.*

  c) einem **Fragepronomen oder Frageadverb** (→ 35), man spricht dann von einem indirekten Fragesatz: *Wir wissen wohl, wer wir sind, aber nicht, was wir werden können. – Sag mir, wo die Blumen sind!* (Objektsätze.) – Fragepronomina und -adverbien fangen im Deutschen alle mit ‚w' an (aber natürlich sind nicht alle Wörter, die mit ‚w' anfangen, Fragewörter, vgl. a) und b).

- 2. **an der Stellung der Personalform,** denn bei allen eingeleiteten Nebensätzen steht die Personalform **an letzter Stelle:**

  a) Konjunktionalsatz: *Dass ich lebe, ist nicht nötig, wohl aber, dass ich tätig bin.*
  b) Relativsatz: *Eifersucht ist eine Leidenschaft, die mit Eifer sucht, was Leiden schafft.*
  c) indirekter Fragesatz: *Nur wer die Sehnsucht kennt, weiß, was ich leide.*

  Ausnahmen kommen allerdings vor:
  a) bei zusammengesetzten Modalverben: *Er wusste nicht, ob er das hätte sagen dürfen.*
  b) bei Vergleichsgliedern: *Ob die Weiber so viel Vernunft haben als die Männer, mag ich nicht entscheiden, aber sie haben ganz gewiss nicht so viel Unvernunft.*
  c) bei Hervorhebung eines Satzglieds: *Glaube kein Wort, was ich dir sagte in dieser Nacht.*
  d) in poetischer Sprache (um des Reimes willen): *Ich weiß nicht, was soll es bedeuten, dass ich so traurig bin.*

Untypische Hauptsätze und Nebensätze

Natürlich kann auch einmal ein **Hauptsatz** in einer Form auftreten, die eher an einen Nebensatz erinnert; dies ist der Fall bei

a) **poetischer Sprache** oder in formelhaften Wendungen (mit Rücksicht auf Reim oder Rhythmus): *Denn was man nicht zu sagen wagt, man durch die Blume sagt. Wes Brot ich ess, des Lied ich sing.* (Endstellung)

b) **Satzellipsen** sind grammatisch unvollständige Sätze, bei denen Satzglieder fehlen (aber leicht ergänzbar sind), sie begegnen oft in der Kommandosprache oder im Alltagsgespräch: *Auf die Plätze! Fertig! Los! Karlsruhe einfach. Tag! Kann dir die Hand nicht geben.* Auch Interjektionen (➜ 7) oder Schrumpfwörter in Comics können als solche unvollständige Sätze aufgefasst werden: *Au! Mampf! Rülps!* Ellipsen begegnen auch häufig in der Dichtung: *Astern – schwälende Tage*

Schwieriger ist es, **Nebensätze** als solche zu erkennen, die nicht eingeleitet sind, die sogenannten ‚verkappten' Sätze. Es gibt sie in drei Formen:

a) **‚Verkappte dass-Sätze'** sehen aus wie Aussagehauptsätze und haben die Personalform an zweiter Stelle. Bei ihnen handelt es sich meist um **indirekte Rede,** d. h. sie sind abhängig von einem Verb des Sagens bzw. der Sinneswahrnehmung oder geistigen Verarbeitung: reden, sprechen, sehen, hören, fühlen, meinen, denken: *Er erklärte, es <u>fehle</u> ihm am Geld. Sie dachte, er <u>brächte</u> ihr Blumen mit.*

   In der Regel steht in diesen Fällen der **Konjunktiv,** aber er ist nicht unbedingt erforderlich: *Ich weiß, du <u>hast</u> wieder mal keine Zeit.*

b) **‚Verkappte wenn-Sätze'** stehen fast immer am Anfang eines Satzgefüges: *Klappt es nicht, kommt er in Teufels Küche. Hätte er besser aufgepasst, wäre er jetzt nicht in Schwierigkeiten.* (konditional ➜ 48) *War es auch nicht leicht, er hat es doch geschafft.* (konzessiv: wenn auch = obwohl ➜ 48)

c) **‚Verkappte ob-Sätze'** begegnen in zwei Formen:
   - als **indirekte Fragesätze,** die von einem Verb des Fragens oder Wissens abhängen und im Allgemeinen doppelgliedrig sind, mit *‚oder'* eine Alternative anbieten: *Sie wusste nicht, <u>sollte</u> sie weinen oder lachen. – Ich weiß nicht: Soll ich kommen oder nicht?* ist dagegen ein Hauptsatz in direkter Rede (was auch das Fragezeichen deutlich macht).
   - als **Modalsätze** (Vergleichsätze), in denen statt des *‚als ob'* immerhin noch das *‚als'* stehen geblieben ist: *Ihr war, als <u>wäre</u> eine Welt zusammengebrochen.*

   Beide haben die Personalform an erster Stelle.

Die Adverbialsätze

Die Unterscheidung der Adverbialsätze erfolgt durch genaue Benennung des Adverbiales, das sie in ihrem Satz jeweils vertreten (Ersatzprobe):

Typ	Konjunktionen	Beispiel	Ersatzprobe mit Adverbiale
Lokalsatz (immer Relativsatz!)	wo, wohin, woher – ausschließlich Relativadverbien	Wo man singt, da lass dich ruhig nieder.	Bei Sängern ...
Temporalsatz	als, wenn, während, nachdem, bevor, ehe, sobald,	Er kam zurück, bevor es dunkel wurde.	Vor Einbruch der Nacht ...
Modalsatz	indem, wobei	Er fiel sogleich in Schlaf, indem er laut schnarchte.	Unter lautem Schnarchen ...
Komparativsatz	als ob, je ... desto	Er schwitzt, als herrschten tropische Temperaturen.	Wie in den Tropen ...
Instrumentalsatz	indem, dadurch dass, womit (relativ!)	Dadurch dass sie ein Taxi nahm, kam sie früher nach Hause.	Mit Hilfe eines Taxis ...
Kausalsatz	da, weil	Er lief hochrot an, weil er so verlegen war	Aus Verlegenheit ...
Konzessivsatz	obwohl, obschon, obgleich, wenn auch,	Obwohl er völlig übermüdet war, kam er dennoch zu der Feier.	Trotz völliger Übermüdung
Adversativsatz	während (wohingegen)	Während andere schon Geld verdienen, besuchst du noch die Schule.	Im Gegensatz zu den Geld verdienenden anderen ...
Finalsatz	damit, auf dass	Er gab ihr eine Decke, damit sie sich nicht erkälte.	Zur Vermeidung einer Erkältung ...
Konsekutivsatz	so dass, sodass, auf dass	Sie reizte ihn so, dass er seiner Wut freien Lauf ließ.	Bis zu Wutausbrüchen ...
Konditionalsatz	wenn, falls	Wenn es dir gefällt, kannst du das Buch behalten.	Bei Gefallen ...

Satzwertige Konstruktionen

Als satzwertige Konstruktionen bezeichnet man **Infinitiv- und Partizipialsätze**; sie sind zwar formal keine Sätze (Fehlen der Personalform und des Subjekts), aber haben, wenn sie erweitert sind, in der Regel das Gewicht eines Nebensatzes und können meist auch in einen Nebensatz umgeformt werden. Beide beziehen sich auf ein Glied des Satzes, zu dem sie gehören, in der Regel auf das Subjekt: Kurt beabsichtigt nach Rom zu reisen (Kurt reist). Nicht dagegen: *Kurt beabsichtigt seine Tochter nach Rom zu reisen.* – Aber: *Kurt beabsichtigt seine Tochter nach Rom reisen zu lassen* (Kurt lässt ...). Entsprechend: *Nach Rom reisend besucht Kurt seine Tochter* (er reist). *Nach Rom reisend besucht ihn seine Tochter* (die Tochter reist). Nicht aber: *Nach Rom reisend kontrollierte ihn der Schweizer Zoll* (jetzt würde der Schweizer Zoll nach Rom reisen!).

Infinitivkonstruktionen wirken in der Regel eleganter als Nebensätze, deshalb werden sie häufig verwendet. Sie begegnen als

a) **Subjektsatz:** *Es ist ihm ein Herzensanliegen, seine Ferien sinnvoll zu verbringen.* (= dass er ...)

b) **Objektsatz:** *Er versichert seine Papiere verloren zu haben.* (= dass er ...)

c) **Adverbialsatz:** *Er fuhr mit dem Zug, um ausgeruht am Urlaubsort einzutreffen.* (final = damit er ...) – *Sie ist zu hübsch, um sitzen zu bleiben.* (konsekutiv = als dass sie ...) *Statt Hausaufgaben zu machen, sitzt sie vor dem Fernsehapparat. Sie steckt den Vorwurf ein, ohne mit der Wimper zu zucken.* (modal = anstatt dass sie ... bzw. ohne dass sie ...)

d) **Attributsatz:** *Ich habe die Absicht, in den Sommerferien nach Norwegen zu trampen.* (= dass ich ...)

Partizipialkonstruktionen können leichter in die Form eines Nebensatzes gebracht werden, und zwar attributiv als Relativsatz: *Nach Rom reisend besuchte Kurt seine Tochter = Kurt, der nach Rom reiste, besuchte seine Tochter.* – oder adverbial als Konjunktionalssatz, vorzugsweise temporal: *Als Kurt nach Rom reiste, besuchte er seine Tochter.*

Das Partizip I bezeichnet dabei die **Gleichzeitigkeit,** das Partizip II die **Vorzeitigkeit:** *In Rom angekommen besichtigte Kurt den Petersdom.* (= Sobald er ...) Manchmal liegt auch **Ellipse** (Auslassung) des Partizips vor: *Einen Blumenstrauß in der Hand* (habend, haltend) *stand er vor ihrer Tür* (modal = wobei er ...). *Alt und grau* (geworden) *wurde er fast nicht wieder erkannt.* (kausal = da er ...)

Satzwertige Konstruktionen müssen nur noch durch Komma abgetrennt werden, wenn auf sie hingewiesen wird, wenn sie den Satzfluss unterbrechen oder wenn Missverständnisse vermieden werden sollen, sowie bei *um ... zu, ohne ... zu, (an)statt ... zu, außer ... zu, als ... zu.*

Register